女ひとりの夜つまみ

ツレヅレハナコ

幻冬舎

はじめに

世の中には、2種類の女がいます。
「誰かと一緒のときしか飲まない女」と、
「ひとりだろうと飲む女」。
断然、私は後者でして、
お酒を飲まない日は年に2〜3日（主に発熱時）。
基本的には、飲酒なくして一日が終わらない。

とはいえ、毎日お店で飲んでいては、
財布も体重計も心配すぎる！
家でのひとり飲みは、必要不可欠ですよね。

仕事から帰ってお風呂に入ったら、
台所でプシュッと缶ビールを開けて調理開始。
できれば、1本飲み終わるまでに1品作りたい。
この後に飲むお酒の種類をイメージしながら作るもよし、
冷蔵庫にあるものを適当に組み合わせただけの

「名もなき一皿」でもよし…。
ポテトチップスや半額のお惣菜ではなく、
手作りのつまみが一品あるだけで、
ひとり飲みの楽しさは、ぐっと広がります。
私のつまみは、切って混ぜるだけ、
焼くだけ、炒めるだけ、揚げるだけ…
分量だって（一応書いてあるけど）だいたいの目分量でOK！
缶ビール片手でも作れる簡単つまみを
たっぷりご紹介しますので、
ぜひ今夜のひとり飲みのお供にお試しくださいませ。

ツレヅレハナコ 

もくじ

第1章

10分で飲みたい！ 7

とうもろこしと枝豆のおやき 8
ポリ袋浅漬け 10
油揚げの玉ねぎ詰め焼き 11
トマトと卵の中華炒め 12
トルコの角切りサラダ 14
タイの目玉焼きパクチー添え 15
まぐろとピータンのタルタル 16
薬味ごっそり五目やっこ 17
長ねぎの焼き春巻き 18

第2章

最近、野菜が足りてない 21

なんでもナムル 22
青菜の梅みそはちみつ和え 24
なんでもサブジ 25
ひき肉のビネガー炒め葉っぱ包み 26
根菜のにんにくオイル焼き 28
一玉キャベツと豆のクミン蒸し煮 29

第3章

肉を食わせろ！ 31

しっとり豚みょうが 32
焼くだけ鶏手羽 34
トマトとひき肉の卵落とし煮 35
牛肉のオイスターバター炒め 36
ベトナム風 豚角煮 37
レンジ蒸し鶏のにんにくヨーグルトソース 38

第4章

魚だって食べたい！ 41

生鮭のレンジ清蒸魚 42
ポルトガルいわし 44
刺身のしば漬けカルパッチョ 45
揚げ海老ワンタン 46
生ほたての梅なめろう 47
ぶりのにんにくみそ焼き 48

第5章

果物で泡か白 49

柿とカブと生ハムのサラダ 50
オレンジとピスタチオのシチリア風サラダ 52
いちじくのゴルゴンゾーラ焼き 53
ぶどうとベーコンのソテー 54

第6章

1回作って3回飲もう 61

にんじんの塩もみ 62
低温鶏レバー 64
ナンプラーひじき 66
塩豚 68
蒸し煮ラタトゥイユ 70

第7章

材料は少ないほどうれしい 73

卵だけ茶碗蒸し 74
マヨなし薬味ポテサラ 75
肉肉しいミートボール 76
フランスの芋グラタン 77
シンプル筑前煮 78

第8章

シメタンの誘惑 83

油かけ卵ごはん 84
薬味みそおにぎり 85
そうめんコングクス 86
にら和えうどん 87
トマト缶だけスパゲティ 88

特別章-1

大好きな店のアレ 91

「おでん太郎」の新じゃが煮 92
「ロムアロイ」の生春巻き 94
「天★」のレバパテ果物のせ 96
「オルガン」のクスクスサラダ 98

特別章-2

ホムパの神様、ありがとう！ 101

亜由美さんの「白きくらげとユリ根のねぎ油和え」 102
キョーエさんの「オイルサンマーディン」 104
スナックアーバン・ママちゃんの「タイ風炒め」 106

お酒別索引 108

ハナコラム

① 1週間は長持ちする！ 薬味BOXの作り方 20
② セイロで野菜＋市販シュウマイのススメ 30
③ 冷蔵庫にコレさえあれば！ つまみ用スタメン食材 40
④ 1000円台でイケる！ 家飲みワインの選び方 55
⑤ 料理家さんに教わった逸品 内田真美先生の「桃とモッツァレラのサラダ」 56
⑥ お皿のはなし 58
⑦ かわいくておいしい！ 安うま自然派ワイン 60
⑧ 食べ物の本しかない！ ツレヅレハナコの本棚 72
⑨ 観てるだけでお腹がすく うまげな映画 79
⑩ 料理家さんに教わった逸品 重信初江先生の「白菜と豚しゃぶ肉のみそバター鍋」 80
⑪ レシピとも言えないけど飲める！ 文字だけつまみ 82
⑫ 二日酔いを救う一杯 89
⑬ ひとり飲み女性のオアシス！ 「サイゼリヤ」徹底活用術 90
⑭ オススメ手土産＆ホムパの掟 100

＊電子レンジの加熱時間は500Wの場合の目安です。　＊分量は指定があるもの以外すべて1人分です。

第1章

10分で飲みたい！

私たちの夜は、意外と短い。
お風呂に入って、SNSのチェックをして、
録画したアレも観なくちゃいけないし、
なんなら足の爪だって塗りなおしたい！
だから、つまみは10分以内でまず1品。
「それって料理？」なレベルの簡単さでも、
食べるのは自分だけ。お酒がすすめば無問題です。
ササッと作って、とりあえず1杯。
今夜も楽しいひとり飲みをはじめましょー。

天ぷら粉バンザイ！

とうもろこしと枝豆のおやき

〈材料〉

- とうもろこし(冷凍)　大さじ4
  ＊旬なら生がおすすめ!!
- 枝豆(ゆでてさやから出したもの)　大さじ4
- 天ぷら粉　大さじ2強
  (推《お》しながら恐縮ですが、もちろん小麦粉や片栗粉でもつくれます。食感は、だいぶ変わりますけども)
- 水　大さじ2
- オリーブオイル　大さじ2
- 塩　少々
- レモン(くし形切り)　1切れ

〈作り方〉

1 とうもろこし、枝豆をそれぞれボウルに入れて天ぷら粉、水を半量ずつ加えて混ぜる。

2 フライパンにオリーブオイルを熱し、大スプーン1杯分ずつくらいの1を入れて弱めの中火で焼く。カリッと焼き目がついたら裏返し、1～2分焼いて器に盛る。

3 塩をふってレモンを添えるほか、「にんにくヨーグルトソース」(P.38)をつけてもうまい！

つまみ食い必至なので多めに用意すると吉。「もう、このまま食べればいいか…」という誘惑に勝って次の工程へ！

各材料に天ぷら粉をまぶします。枝豆ととうもろこしを混ぜてもOK。

多めの油で焼きます。ふちがカリッとしてきたらひっくり返しましょう。

ひとり暮らしの家で揚げ物。なかなかやらないですよね。
でも、うちには「天ぷら粉」が欠かせない！
揚げ物はもちろん、揚げ物以外にも大活躍の魔法の粉…。
開発者の方にノーベル賞をあげたいわー。

天ぷら粉とは、小麦粉にベーキングパウダーなどが混ぜられたもの。
適当に水で溶き、食材をまとわせて揚げれば、
誰でもカリッとふわっとした天ぷらを揚げることができます。
『美味しんぼ』には、「粉に氷水、卵を入れ、グルテンが出ないよう
混ぜるのが職人のワザ」とか、しつこく書いてあったのに…！

実際、「そうめん＋冷蔵庫で余ってる野菜を適当に揚げた天ぷら」は、
個人的「家で食べる醍醐味メニューベスト10」に入ります(サイコー！)。
でも、おつまみにするなら、天ぷら粉でつくる「おやき」をどうぞ。
少ない油でも、カリッとふわっとできあがります。

ホッピー
これ1品で
大満足!

材料を入れてもめば完成

ポリ袋浅漬け

〈材料〉

- きゅうり　1本
  ＊大根、カブ、にんじん、キャベツ、白菜など好みの野菜でもOK
- 塩　小さじ1/3
- 塩昆布　ひとつまみ
- 赤唐辛子(輪切り)　少々

〈作り方〉

1 きゅうりはワインの瓶底などで軽く叩き、食べやすく割る(味が染みやすい)。
※大根はいちょう切り、カブは薄切り、にんじんはピーラーで薄切り、キャベツ、白菜はざく切りにする。

2 ポリ袋に1を入れて塩をふり、袋の上からもむ。そこに、塩昆布、赤唐辛子を加えてさらに軽くもみ、空気が入らないよう口をしばる。
5分ほどで浅漬けとして食べられる。

MEMO
前の晩につくっておくとベスト。
食べるときに、かつおぶしを加えて和えるとさらにうまい！

トースターでこんがりと

油揚げの玉ねぎ詰め焼き

〈 材 料 〉

- 油揚げ　1枚
- 玉ねぎ（薄切り）　1/2個
- 塩、ごま油　各少々
- 辛子しょうゆ（好みで）　適宜
- しそ　1枚

〈 作 り 方 〉

1 油揚げを半分に切り、その上で箸を転がす（袋が開きやすくなる）。

2 ボウルに玉ねぎを入れて、塩、ごま油で和える。1に詰めたら、端を折ってようじでとめる。

3 オーブントースターで片面を3〜4分焼く。焼き目がついたら裏返して、さらに3〜4分焼く（焦げないよう、途中でアルミホイルをかぶせる）。しそとともに皿に盛り、辛子しょうゆをつけていただく。

MEMO

油揚げの中で玉ねぎが蒸し焼きになり、甘みが引き出されます。そのためには、中までじっくり火を通すことが大切！

ふわとろ卵にはコツがある!

トマトと卵の中華炒め

〈材料〉

- トマト　1個
- 卵　2個
- 塩　小さじ½
- 鶏がらスープの素(顆粒)、砂糖　各ひとつまみ
- サラダ油　大さじ1

〈作り方〉

1 トマトは乱切りにする。卵はボウルに溶いて、塩、鶏がらスープの素、砂糖を入れる。

2 フライパンにサラダ油を入れて強火で熱し、温まったら卵を一気に入れる。周りがふわふわしてきたら、箸で一度だけぐるりと混ぜて、超半熟で器に取り出す。

3 2のフライパンを中火にかけ、トマトを入れて、すべての面を焼きつける。

4 トマトの中まで火が入り、かつ溶けすぎない程度に温まったら火を止め、3の卵を戻し入れてざっくり混ぜて器に盛る。

フライパンに多めの油を入れることで、卵がふわっとふくらみます。カロリーのことは忘れるべし！　超半熟(⅓くらい火が通った状態)で皿に取り出します。

トマトの表面を焼きつけます。中まで温まりつつ、くずれない程度の火入れを狙って！

ざっくり混ぜたらできあがり。仕上がりが微妙なら、皿に盛ってから細ねぎの小口切りを散らすと美しい感じになります(小声)。

冷蔵庫の中がスカスカなのに飲み始めてしまう。
うんうん。ありますよねー。部屋着に着替えたらビール飲んじゃうよねー。
こうなるともう、スーパーどころかコンビニにも断固行きたくない。
でも、でも、…つまみが足りないんですけど!!

そんなときにオススメなのが、この「トマトと卵の中華炒め」。
冷蔵庫を覗いて、**トマトと卵があればできたも同然(早)。**
5分もあれば完成するので、私の晩酌には結構な頻度で出てくるおつまみです。

昔から中国や台湾にある定番料理で、今さら私がご紹介するのもアレですけども。
卵はふわふわとろとろ、トマトは形を残しつつも熱々で、その半量がソース状…
シンプルなだけに、おいしくつくるにはいくつか守るべきコツがあるのです。

最大のポイントは、**「卵を超半熟に炒めたら、皿に取り出しておく」こと。** ポイント!
横着して「取り出さずに同じフライパンでつくったろー」などとやると、
確実に失敗しますのでご注意を!(キッパリ) 

ふわ
とろ♡

切って混ぜるだけ

トルコの角切りサラダ

〈 材料 〉

- トマト　½個
- きゅうり　½本
- 玉ねぎ　¼個
- ピーマン　1個
- オリーブ　2～3個
- ゆかり（しそふりかけ）　少々
- オリーブオイル、レモン汁、塩、こしょう　各適宜

〈 作り方 〉

1 トマト、きゅうり、玉ねぎ、ピーマンを1cm角の角切りにする。

2 1、オリーブをボウルに入れ、ゆかり、オリーブオイル、レモン汁、塩、こしょうで和えて味をととのえる。

MEMO

トルコのド定番サラダ。そのままはもちろん、肉料理の付け合わせにもよく合います。現地で加える「スマック」という酸っぱいスパイスは、「ゆかり」（かなり近い風味）で代用！

ナンプラーをかけてどうぞ

タイの目玉焼きパクチー添え

〈材料〉

・卵　1個
・サラダ油　大さじ1
・ナンプラー　少々
・パクチー（ざく切り）　適宜

〈作り方〉

1 小さめのフライパンに、サラダ油を入れて中火で熱する。

2 卵を割り入れたら弱火にする。ふたはしない。
白身のふちがしゅわしゅわとふくらんで色づき、
黄身に半分ほど火が入ったら、皿に盛る。

3 パクチーを添え、ナンプラーをかけていただく。

MEMO

タイの目玉焼きは「揚げ焼き」に近い調理法。
たっぷりの油で焼くことでふくらんだ白身を、半熟の黄身につけてどうぞ♡
ナンプラーをかけただけですが、つまみには最高！

薬味をたっぷり加えて！

まぐろとピータンのタルタル

〈材料〉

・まぐろ刺身（赤身・ブツでもOK）　60g
・ピータン　1個
・好みの薬味　適宜
　＊パクチー、細ねぎ、しょうが、みょうが、しそなど
・しょうゆ、黒酢、ラー油、XO醤（あれば）　各適宜

〈作り方〉

1 ボウルにしょうゆ、黒酢、ラー油、XO醤を入れて混ぜ合わせる。
2 まぐろ、ピータンを1cm角に切ってボウルに入れ、1と和える。
3 薬味を細かく切って2に加え、ざっと和える。

MEMO

ほたてや干し海老などのうまみが詰まったXO醤は、魔法の調味料（ちょっと高いけど！）。コレを加えると、どんな料理も一気に奥行きのある味になります。XO醤だけ温かいごはんにのせて食べても最高…。
とはいえ、なければしょうゆ、黒酢、ラー油だけでもOK。

家にあるものをのせればOK

薬味ごっそり五目やっこ

〈 材 料 〉

・豆腐（絹・木綿お好みで）　½丁
・その日にある具　各適宜
　＊みょうが、キムチ、しらす、
　アボカド、きゅうりなど
・卵黄　１個
・好みの調味料（「しょうゆ＋ラー油」
　　　　　　　　「ナンプラー＋レモン汁」
　　　　　　　　「めんつゆ＋わさび」など）

〈 作 り 方 〉

1 豆腐を手で割り、小丼に入れる。
2 区画をつくりながら具をのせる。
同じ色が隣合わないように
のせると美しい。
3 中央をくぼませて卵黄をのせ、
調味料をかける。
わーっと混ぜて食べましょう！

＼わーっと！／

MEMO

具は、①薬味類（細ねぎ、しそ、しょうが、みょうが、パクチー）
②味が濃いもの（キムチ、明太子、塩鮭、漬物、佃煮）
③生野菜（きゅうり、アボカド、トマト、P.62のにんじんの塩もみ）
から１種類以上ずつのせるとバランスがいい。

揚げなくてもおいしい！

長ねぎの焼き春巻き

〈材料〉

- 春巻きの皮　2枚
- クリームチーズ　20g
- みそ　小さじ1
- 長ねぎ(斜め薄切り)　⅓本
- オリーブオイル　大さじ2

〈作り方〉

1 春巻きの皮を角を手前にして置き、手前⅓くらいに、みそ半量を塗り、長ねぎ半量を並べる。

2 ちぎったクリームチーズを半量のせ、手前、両端を折り曲げて、くるくると巻く。もう1本も同様にする。

3 フライパンにオリーブオイルを入れて弱めの中火で熱し、巻き終わりを下にして春巻きを入れ、両面をじっくり焼く。

クリームチーズとみそ。両方入れるとおいしいですが、どちらかだけでもOK。

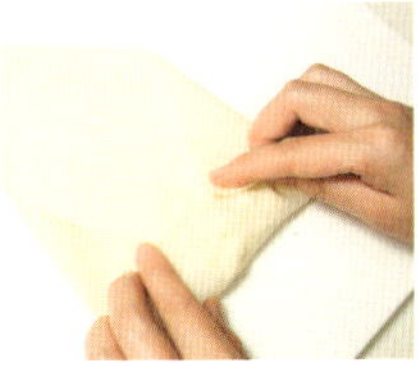

余力があれば、水で溶いた片栗粉か小麦粉を塗って端をとめましょう。

春巻きの皮は、油断するとあっという間に焦げます。弱めの中火で焼くべし。

春巻きの皮をよく買いますが、いわゆる普通の「五目春巻き」には縁がない。
それでは何を巻くかというと、圧倒的に多いのが長ねぎだけ。
もしくは、いんげんだけ。ピーマンだけ。アボカドだけ、かぼちゃだけ…
生の野菜を春巻きの皮で巻き、少しの油で揚げ焼きにすればできあがり
(かぼちゃなどの硬い野菜は、軽めにレンジ加熱してから巻くべし)。
不思議なことに、**ただの野菜も「春巻きの皮で包んで焼く」だけで、一気につまみ感が増すのです。**

皮で包むことで野菜が蒸し焼きにされるため、甘みがぐぐっとUP。
揚げ焼きでさえ面倒なら、表面にオリーブオイルを塗り、
焦げないように見張りながらトースターで焼いても大丈夫です。 これでもOK！

チーズやハム、ゆで卵を巻けばボリュームが出るし、
ポテサラや豚のしょうが焼きなんかを巻いてもおいしい。
まとめて巻いて冷凍しておけば、さらにお手軽！
凍ったままフライパンに入れ、少し長めに加熱してどうぞ。

パリパリ

ハナコラム
①

1週間は長持ちする！　薬味BOXの作り方

ねぎ、しそ、みょうが、パクチー、ミント、ディル、バジル…
和洋中問わず、この世のあらゆる「香味野菜」を愛しています。

シンプルなレシピでも、これらをほんの少し加えるだけで、
ちょっと玄人感のある仕上がりに。
できることなら「少し加える」どころか山のように食べたいから、
欲望のままに香味野菜が使える家でのつまみづくりはベスト！
「パクチーだけのサラダ」とか、店で食べたら高いもんねー。

問題は、油断するとすぐ死にかける（＝腐る）野菜が多いこと。
「店のビニール包装のまま冷蔵庫へ」などもってのほか！
私は、買ってきたらすぐ「薬味BOX」に入れて保存しています。

そんな名前のBOXが売っているわけではなく、
お手持ちの密閉容器でできる究極の（？）保存方法。
イメージは「うっすら湿気のある部屋」を作ってあげる感じですね。
なんと過保護な…でも、ホントに1週間は長持ちしますから！

このBOXがすばらしいのは、保存の実用性が高いことだけでなく、
「眺めているだけでうっとりできる」こと。
ペーパータオルをめくれば、さまざまな香味野菜がぎっしり…
ああ、最高！　たまらない！　しあわせ！
そんな、どうかしている香味野菜クレイジーの皆さまはぜひお試しを。

〈作り方〉

1 密閉容器に、水で軽く濡らしたペーパータオルをしく。

2 薬味類を入れる。

3 水で軽く濡らしたペーパータオルをかぶせ、ふたをして冷蔵庫で保管する。

第2章 最近、野菜が足りてない

おにぎり、パスタ、サンドイッチ、丼もの…
気づけば炭水化物だけで生きている人はいませんか。
これが続くと「野菜不足だ！」と焦り始め、
野菜ジュースやコンビニサラダで気休めの補給。
そうなんです。外で野菜をとるのはホントに大変！
だから私も、「家飲みには野菜！」を心がけています。
野菜のおつまみなら、どれだけ食べても安心ヘルシー。
外食に比べて、安くたくさんとれるのもすばらしい！
野菜をもりもり食べながら、今夜もお酒をたっぷりどうぞ。

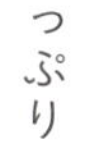

わしわし野菜を！

なんでもナムル

〈材料〉

◎塩もみナムル

・大根　1/6本
　＊きゅうり、カブでもOK
・塩　小さじ1
・おろしにんにく　少々
・ごま油　小さじ1
・いりごま　適量

◎ゆで和えナムル

・にら　1把
　＊ほうれんそう、豆もやしでもOK
・しょうゆ、酢　各小さじ1
・ごま油　小さじ½

◎炒めナムル

・にんじん　1本
　＊ピーマン、ゴーヤでもOK
・塩　ひとつまみ
・ごま油　小さじ1
・いりごま　適量

〈作り方〉

◎塩もみナムル

1 大根はスライサーで細切りにして塩をふり、10分ほど置いて水気を絞る。
2 おろしにんにく、ごま油、いりごまを加えて和える。
(memo) きゅうりは細切り、カブは薄い半月切りにする。

◎ゆで和えナムル

1 にらはゆでてざるに広げて冷まし（ほうれんそうは水にさらす）、水気を絞って4cmの長さに切る。
2 1をボウルに入れ、しょうゆ、酢、ごま油を加えて和える。
(memo) 豆もやしは、鍋に入れて底から1cmほど水を入れ、ふたをして火にかけ、沸騰したらざっと天地を返して1分。ざるにあげて水気を切る（水にはさらさない）。

◎炒めナムル

1 にんじんはスライサーで千切りにする。
2 フライパンにごま油を熱して1を炒め、塩、いりごまをふる。
(memo) ピーマンは細切り。ゴーヤは薄めの半月切りにする。

「野菜を食べたい！　わしわし食べたい！」
そんな状況のとき、何はともあれ私が最初につくるのがナムル。
野菜1種でつくれるし、味もシンプルなのでたっぷり食べられるのがうれしい。
韓国のオモニ（お母さん）たち、考えてくれて（？）ありがとうー！！

カサがある生野菜は少ししか食べられないけど、
「塩でもむ」「ゆでる」「炒める」ことで一気に食べやすい状態に。
一口にナムルと言っても、それぞれの野菜に向く調理法が違うんですよね。
共通点は、ごま油を使うことくらいかな。
にんじんナムルは、「それ、“にんじん炒め”やんけ！」かもですが、
ごま油で炒めればナムルだそうなのです…。

日本では「焼き肉」のイメージが強い韓国だけど、
実は世界有数の「野菜大好き国」。
韓国へごはんを食べに行くたび、「これでもか！」という野菜の量に感動します。
野菜好きな国ならではの知恵を、ありがたく取り入れましょう！ 

ビビンバ
にも！

青菜がすすむ和え衣

青菜の梅みそはちみつ和え

〈材料〉

- ほうれんそう　½把
  ＊小松菜、にら、春菊などでもOK
- 梅干し（中）　½個
- はちみつ　小さじ½
- みそ　小さじ½

〈作り方〉

1 ボウルに、種をとって包丁で叩いた梅干しの果肉、はちみつ、みそを入れてペースト状になるまで混ぜる。

2 ほうれんそうをゆでて水にとり、絞る（小松菜、にら、春菊は水にとらず、ざるに広げて冷まして絞る）。食べやすく切り、1に加えて和える。

MEMO

青菜がもりもり食べられる調味料の組み合わせ！
梅干しの塩分をみて、みその量は加減を。お弁当にもオススメです。

カレー粉はエラい!

なんでもサブジ

〈 材 料 〉

◎じゃがいもとオクラのサブジ
・じゃがいも(メークイン・角切りにして水にさらす)　1個
・オクラ(1cm幅に切る)　3本　・レモン汁　¼個分

◎なすとパプリカのサブジ
・なす(角切りにして水にさらす)　1本
・パプリカ(1cm角に切る)　½個

共通材料　サラダ油　大さじ2
・しょうが(みじん切り)　½かけ
・玉ねぎ(みじん切り)　¼個
・水　50mℓ　・塩　小さじ⅓　・カレー粉　小さじ1

〈 作 り 方 〉

1 フライパンに、サラダ油、しょうがを入れて弱火にかけ、香りが出てきたら玉ねぎを入れてすきとおるまで炒める。

2 それぞれメインの野菜(じゃがいも＋オクラ、なす＋パプリカ)を入れて炒め、水、塩を入れてふたをして蒸し煮にする。

3 野菜がやわらかくなったら火を強めて水分を飛ばしつつカレー粉を加え、塩で味をととのえる。

4 じゃがいものサブジにレモン汁を加え混ぜる。

MEMO　基本の作り方は同じなので、好みの野菜でどうぞ。カリフラワー、いんげん、にんじん、カブ、かぼちゃ、キャベツ、グリンピースなども向いています。

葉野菜を一玉食べられる！

ひき肉のビネガー炒め葉っぱ包み

〈材料〉

- 豚ひき肉　80g
- 細ねぎ（長ねぎでもOK）　$\frac{1}{3}$把
- にんにく（みじん切り）　$\frac{1}{2}$かけ
- サラダ油　大さじ$\frac{1}{2}$
- 赤唐辛子（輪切り）　少々
- 酢　ひとまわし
- 塩　少々
- 葉野菜（サニーレタス、サラダ菜などお好みで）　適量

〈作り方〉

1. フライパンにサラダ油、にんにくを入れて弱火にかけ、香りが出たら赤唐辛子、豚ひき肉を入れて炒める。
2. 塩で味をととのえ、酢をだーっと加えてさらに炒める。
3. 小口切りにした細ねぎを加える。皿に盛り、葉野菜に包んで食べる。

肉がカリッとするまで炒めると豚くささが消えます。

酢は、ひとまわしくらい勇気をもって入れてよし！　ツンとした香りが消えるまで炒めたら火を止める。

細ねぎは、陰の主役。余熱でカサが減るので、たっぷり加えましょう。

生野菜をたくさん食べたくても、サラダでは限界がある。
食べても食べても減らないレタス…って、私はハムスターか！

ところが、葉野菜を肉と組み合わせれば、
びっくりするくらいエンドレスにいけちゃいます。
要するに焼き肉のサンチュ的な扱いですが、
おすすめは、この「ひき肉のビネガー炒め」。
薬味をたっぷり入れて炒めただけのひき肉を巻けば、
サニーレタスでも一玉あっという間…！

ポイントは、最後に加えるお酢。
「お酢って苦手なんだよねー」という人は多いですが
沸騰させることで酢の酸味が飛び、うまみだけが残るのです。
どのくらい酸っぱくないかというと、
どぶどぶ加えてもお酢に気づかない人がいるくらい。　びっくり！
肉のボリューム感とコクはそのままに、脂っこさだけをやわらげてくれます。

うまみ
凝縮

じっくり焼いてホクホクに！

根菜のにんにくオイル焼き

〈材料〉

- 好みの根菜　食べたいだけ
  ＊れんこん、にんじん、ごぼう、大根、長いもなど
- かぼちゃ　適宜
- にんにく　１かけ
- オリーブオイル、塩　各適量

〈作り方〉

1. 根菜、かぼちゃは皮つきのまま8mm程度の薄切りにする。にんにくは半分に切ってつぶす。
2. フライパンに多めのオリーブオイルとにんにくを入れて弱火にかける。
3. 根菜とかぼちゃを並べ、ふたをしてじっくり焼いて火を通す。中まで火が通り、両面がカリッと焼けたら、塩をふっていただく。

MEMO

たっぷりのオリーブオイルとにんにくを使って、厚切りの野菜をじっくり焼くのがポイント。ただ焼いただけなのに、野菜のうまみが味わえます。

クタクタ蒸し煮で甘みが際立つ

一玉キャベツと豆のクミン蒸し煮

〈材料〉 作りやすい量

- キャベツ　1玉
- ミックスビーンズ(ドライパック)　1缶
- にんにく(みじん切り)　1かけ
- クミンシード　小さじ1
- オリーブオイル　大さじ2
- 白ワイン(または日本酒)　200mℓ
- 塩　小さじ1
- ヨーグルト　適量

〈作り方〉

1 厚手の鍋にオリーブオイル、にんにく、クミンを入れて弱火にかける。クミンから香りが出たら、ミックスビーンズ、塩を加えてサッと炒める。

2 四つ割りにしたキャベツと、ワインを加えて、ふたをして蒸し煮にする。途中、キャベツの向きを変えながら、キャベツがくったりするまでゆっくり火にかける。

3 ざっくり混ぜて器に盛り、オリーブオイル(分量外)、ヨーグルトをかけていただく。

MEMO

スパイスなしで蒸して、酢じょうゆで食べてもおいしい。
色あせるくらいクタクタに煮ると甘みもUPします！
一玉蒸して、余った分は水を加えて、みそ汁やスープにしてどうぞ。

ハナコラム
②

セイロで野菜＋市販シュウマイのススメ

「野菜をたっぷり。でも肉か魚も少しほしい…」
「イチから料理する気力はないけど、心がすさまないもの食べたい…」

そんな日の味方になる調理器具が、ズバリ「セイロ」です。
上記の望みをすべて叶えてくれる救世主。
野菜がたっぷりとれる、ラクチン、おいしい、気分がいい！！！

オススメは、セイロにオーブン用シートを敷き、
好きな野菜を数種＋市販のシュウマイやおかずをのせて一緒に蒸すこと。
セイロならではの高温の水蒸気で一度に蒸せるので、
「帰って30分以内にごはんが食べたい」ときにもぴったりです。

私の基本は、かぼちゃ、ブロッコリー、オクラ、キャベツ…
それらを適当に切って並べ、シュウマイを数個。
帰宅してすぐ弱火にかければ、
着替えてメイクを落とすころには蒸しあがり！
（火事にはご注意ください！汗）
蒸しあがったら、ポン酢＋オリーブオイルや辛子しょうゆでどうぞ。

[セイロのこと]
私が使っているセイロは、横浜の中華調理器具専門店「照宝」のもの。
中華街にあるので、遊びに行きがてら使い方の説明を聞くと楽しいです。
そのとき、ぜひ一緒に買ってほしいのが「蒸し板」。
これがあれば、どんなサイズの鍋とセイロも
組み合わせられるので大変便利！
個人的には「買ってよかった調理器具」
ベスト10に入る優れものです。

照宝《しょうほう》
横浜市中区山下町150番（中華街大通り中央）
TEL 045-681-0234
11:00-21:00　無休

第3章 肉を食わせろ!

お酒と同じくらい、お肉も好きだ。
家で飲むなら、鶏か豚。そして、たまには牛か羊。
「焼き肉」「ステーキ」は外で食べればいいけど、
野菜ばかりの家飲みでは味気ない!
だから私自身、「ちょっと気の利いた肉のつまみ」を
いつも探しているような気がします。
下味、温度、調理法、仕上げ…
ほんの少しのコツで、
お手頃の肉が「飲めるつまみ」になりますよー。

家庭科の授業は忘れて！

しっとり豚みょうが

〈材料〉

- 豚しゃぶしゃぶ肉　100g
  ＊食感がモサモサするけど
  豚小間でもOK
- みょうが（薄切り）　２個
  ＊細ねぎ、しそ、セロリ、パクチーなど
  お好みの香味野菜でＯＫ
- ポン酢　大さじ１
- オリーブオイル　大さじ½
- おろしにんにく　少々

〈作り方〉

1 鍋に湯を沸騰させ、水面がポコポコしない程度の弱火にする。そこに、豚肉を１枚ずつ広げて入れ、色が変わった瞬間にざるにあげる。

2 ざるに１枚ずつ広げて冷ます。
このとき、間違っても氷水にはとらないこと！

3 ボウルにポン酢、オリーブオイル、おろしにんにくを入れて混ぜ、
2、みょうがを加えて和える。

水面がポコポコしない火力で、サッとしゃぶしゃぶする。

氷水には絶対にとらず、ざるに広げて冷ましましょう。

子どものころ、わが家の食卓には「冷しゃぶ」がよく並んでいました。
豚肉の薄切りを熱湯でゆでて氷水で冷やし、ごまだれをかけた料理。
実はコレ、…ものすごく苦手だったのよー！（お母さん、ごめん！）

ぐらぐらと沸いた熱湯に肉を入れるので、赤身は縮みまくり。
さらに氷水に入れるので、脂はかたまりまくり。
たしかに家庭科の授業ではそう習ったけど、
なんてかわいそうな肉…熱湯地獄から氷水地獄！！

でも大人になり、自分で冷しゃぶをつくるようになったら、
そのすばらしさに目覚めましてね。
な、なんておいしいんだ…冷しゃぶ！！
その秘密は、ゆでる温度と冷まし方。
細かいポイントながらシンプルな料理だけに、
この２点を注意するだけで格段の違いが出ます。 

あっさり
&
こくうま

2種の味を楽しんで！

焼くだけ鶏手羽

〈材料〉

・鶏手羽肉　6本（塩用3本・甘辛用3本）

〔下味①塩にんにく味〕
・酒　大さじ1
・塩　小さじ1
・おろしにんにく　少々
＊焼けたら仕上げにレモン
（またはかぼすなど）　適宜

〔下味②甘辛しょうゆ味〕
・酒、しょうゆ、みりん　各小さじ1½
＊焼けたら仕上げに粉山椒
（または七味唐辛子）

〈作り方〉

1 鶏手羽を広げて、関節から先を切る
（包丁の根元をあてて、ぐいっと押すと簡単に切れる）。

2 残った手羽中にフォークで何カ所か穴を開けて、
下味を染みやすくする。

3 ポリ袋に手羽中を3本ずつ入れ、それぞれの下味をつける。
冷蔵庫で一晩置くとベストですが、
時間がなければ15分でもOK。

4 魚焼きグリル（フライパン、オーブントースターでもOK）
で肉に火を通しつつ両面を焼く。甘辛しょうゆ味は
焦げやすいので、様子を見てアルミホイルをかぶせる。
焼けたらレモンや粉山椒を添える。

MEMO

1で切り落とした手羽先は、捨てずに水で煮るとチキンスープがとれます。
これでインスタントラーメンをつくると、店の味に!?

半熟の黄身をくずして

トマトとひき肉の卵落とし煮

〈材料〉

- 合い挽き肉(牛肉や羊肉でもOK)　100g
- 玉ねぎ(みじん切り)　½個
- トマトペースト(あれば)　大さじ½
- トマト(ざく切り)　1個
- オリーブオイル　大さじ1
- 塩　小さじ½
- 白ワイン(または酒)　50mℓ
- クミン(パウダー)　小さじ1
- 卵　1個
- 粗挽き唐辛子(好みで)　適量

〈作り方〉

1 フライパンにオリーブオイルを中火で熱し、玉ねぎを炒める。すきとおったらひき肉を加えて炒め、トマトペーストを加える。

2 トマト、塩、白ワイン、クミンを加えて5〜10分ほど煮込み、生卵を落としてふたをして、好みの半熟具合まで黄身に火を通す。好みで粗挽き唐辛子をふる。

とろ〜ん

MEMO

赤ワインにぴったりな
エキゾチックな簡単煮込み。
パンにのせたり、ごはんにかけたりしてもおいしい。

バターの香りでコクがUP

牛肉のオイスターバター炒め

〈材料〉

- 牛小間切れ肉　120g
- 酒　大さじ1
- 片栗粉　小さじ1
- オイスターソース　大さじ1
- 長ねぎ(厚めの斜め薄切り)　1本
- サラダ油　大さじ½
- バター　小さじ1
- 黒こしょう　適宜

〈作り方〉

1. ボウルに牛肉を入れて酒、片栗粉、オイスターソースをもみこむ。
2. フライパンにサラダ油を熱し、長ねぎを入れてサッと炒める。
3. 1の牛肉を加えて炒め、ほぼ火が通ったらバターを入れて溶かしからませる。
4. 器に盛り、黒こしょうをふる。

MEMO

オイスターソース＋バターという、怖ろしいほど白メシが食べたくなる魅惑の味つけ。たっぷりの長ねぎがよく合います。焼酎ロックでどうぞ。

まとめてつくるほどうまい

ベトナム風 豚角煮

〈 材料 〉 作りやすい量

・豚ばら肉（ブロック・大きめの一口大に切る）400g
・砂糖、水　各大さじ2

A［ナンプラー　大さじ1
　 酢　小さじ2

・水　2カップ
・赤唐辛子　1本
・ココナッツミルク　100mℓ
・ゆで卵　4個
・パクチー　適量

〈 作り方 〉

1 厚手の鍋に砂糖と水を入れて弱火にかけ、ふつふつと沸騰して茶色くなってきたら火を止める。Aを加えてよく溶かし、豚ばら肉を加えてからめたら、再度火をつける。

2 肉の表面の色が変わったら、水、赤唐辛子を加えてふたをし、ごく弱火で1～2時間、脂部分がやわらかくなるまで煮る。

3 そのまま一晩置き、表面にかたまった脂をスプーンで取りのぞく。ココナッツミルク、ゆで卵を加えてひと煮立ちさせたら、火を止めて冷ます（すぐ食べられますが、冷めるときにゆで卵に味がうつります）。

4 パクチーとともに皿に盛る。

MEMO
ベトナムの定食屋さんの定番メニュー。
ココナッツミルクとナンプラー風味のエスニックな角煮が新鮮なおいしさ！

レンジでもしっとり！

レンジ蒸し鶏のにんにくヨーグルトソース

〈材料〉

- 鶏むね肉　1枚(350g)
- 片栗粉　小さじ½
- 酒　大さじ3

〔にんにくヨーグルトソース〕

- ヨーグルト(無糖)
  ½パック(200g)
- おろしにんにく　少々
- 塩、黒こしょう　各適量
- 好みの生野菜
  (トマト、紫玉ねぎなど)

〈作り方〉

1 コーヒードリッパーにフィルターを敷き(または、ザルにペーパータオルを敷く)、ヨーグルトをあける。
ラップをかけ、冷蔵庫で3時間〜一晩置いて水切りし、おろしにんにく、塩を加え混ぜる。

2 鶏むね肉に片栗粉をまぶし、皮を下にして耐熱容器に入れ、酒を加えてなじませたらふんわりラップをかける。

3 電子レンジで4分、裏返して3分加熱する。加熱し終わったら、ラップをとらず、粗熱がとれるまでそのまま置く。

4 食べやすく切った蒸し鶏、1、生野菜を盛り合わせて、黒こしょうをひく。

ふわっとラップをかけて電子レンジで加熱します。薄切りのしょうが、長ねぎの青いところなどがあればのせると◎。

コーヒードリッパーでヨーグルトを水切り。意外と水分が出るので、下のコップは大きめなものを。

電子レンジ調理って、便利なようで難しいですよね。
火の入り方にムラがあるし、すぐ加熱しすぎるし、調理の状態は外から見えないし。
そんな中でも「電子レンジ、向いてるかも…」と思うのが蒸し料理。
特に鶏ね。ちょっとしたコツを守れば、電子レンジでも超〜しっとり。

そして、蒸し鶏を食べるならオススメしたいのが、
トルコ料理の定番「にんにくヨーグルトソース」！
作り方は、
1)ヨーグルトの水気をザルで一晩切る　2)おろしにんにくと塩を入れる　…以上！
これだけですが、蒸し鶏に添えるだけで、**ワインにピッタリすぎる仕上がりに。**
しかも、見た目がシャレとります。焼き野菜などにも合うのがうれしい。
「今すぐ食べたいんじゃー！」という方は、
水切りなしのヨーグルトで作るか(シャバシャバするけど味はおいしい)、
いっそのこと「しょうゆ＋ごま油＋和がらし」など和風蒸し鶏でどうぞ！

39　レンジ蒸し鶏のにんにくヨーグルトソース

ハナコラム
③

冷蔵庫にコレさえあれば！　つまみ用スタメン食材

ひとり暮らしの冷蔵庫。それは自分の好きなものしか入っていないフリーダム空間…。とはいえ、「毎日３食、家族に料理をつくる」冷蔵庫とは全くの別モノ。気づけば「この２週間、買い物に行ってない！」という状況にも陥りがちです。

酒はあるが、つまみはない。これほど悲しい状況はありません（逆はもっと悲劇）！「そのままはもちろん、アレンジしてもつまみになる！」という鉄板食材を常備しましょう。

クリームチーズ

◎焼きのりで巻く
◎かつおぶし、しょうゆをかけてチーズやっこ
◎レンジで蒸した鶏やきゅうりを和えたり、
　果物と和えてサラダに

オイルサーディン

◎フタを開けて缶ごと直火で焼き、
　しょうゆ＋マスタードをたらり
◎ほぐしてレモンをしぼり、
　玉ねぎの薄切りと和える

しらす

◎豆腐や納豆に細ねぎと
　のせるだけでつまみ感がＵＰ
◎水で溶いた天ぷら粉でまとめて、
　少ない油で揚げ焼きにしてフリット風に

キムチ

◎ごま油、たっぷりの
　細ねぎと和えて小皿に盛り、卵黄をのせる
◎ツナ缶と炒めて、しそや焼きのりで巻く
◎豆腐と軽く煮込む

ゆで豆
（乾燥ひよこ豆を
まとめてゆでて冷凍）

◎ゆでたてにオリーブオイルと塩
◎角切り野菜とサラダに
◎つぶしてオイルや練りごまを混ぜてフムスに

パクチー

◎オリーブオイル、酢、しょうゆで
　和えてサラダに
◎刻んでごま油、黒酢を混ぜ、
　刺身やゆで豚を和える
◎刻んでポテトサラダに加える

油揚げ

◎トースターで焼いて
　細切りにし、ポン酢をかける
◎半分に切って口を開き、生卵を割り入れて
　ようじでとめ、めんつゆで煮る

ちくわ

◎チーズやきゅうりを
　穴に詰めて食べやすく切る
◎薄切りにして油で炒めてカレー粉をふる
◎細かく刻んで卵焼きの具にする

第４章 魚だって食べたい！

ひとり飲みのつまみに魚介…。
待って！　大丈夫です！　ひかないで！
なにも一尾をさばかなくても、
切り身を中心に使えば魚でもカンタン。
いわしだって、スーパーで店員さんを捕まえて、
「塩焼きにしたい」と伝えればワタまで抜いてくれます。
料理研究家の有元葉子先生は著書の中で、
「日本の魚介は世界一おいしい」と仰っていますが、
その通りだと思う。

熱したごま油をジュッ!

生鮭のレンジ清蒸魚

〈材料〉

・生鮭　1切れ
・酒　大さじ1
・しょうが(薄切り)　2〜3枚
・好みの薬味(長ねぎ、しそ、みょうが)　各適宜
・ごま油　大さじ1
・しょうゆ　適量
・かんきつ類(すだち、かぼす、レモンなど)　適量

〈作り方〉

1 耐熱皿に生鮭を置き、酒をふりかける。鮭の上にしょうがを置いて、ふんわりとラップをかけ、電子レンジで1〜2分加熱する。

2 鮭に薬味をこんもりとのせたら、小さめのフライパンにごま油を入れ、弱火で熱する。

3 油から煙がうっすら出るくらいに温まったら、薬味めがけてジュッとかける。しょうゆをかけ、かんきつ類を搾る。

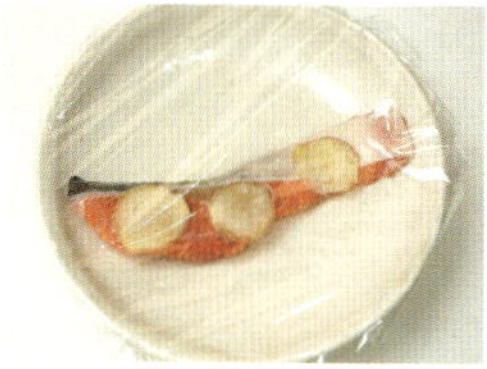

ラップをふわっとかけると、ほどよく蒸気がまわります。余力があれば、しょうがのほか、長ねぎの青いところものせて。

カンカンに熱したごま油を、薬味めがけてジュワっと。いい香りが広がり、魚くささが消える!

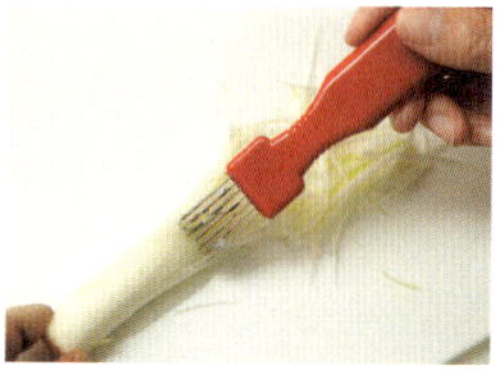

白髪ねぎづくりに超オススメなのは、100円均一で売っている「白髪ねぎカッター」! 長ねぎの表面をなでるだけで、みる間に白髪ねぎの山が。

「清蒸魚《チンチョンユイ》」というと、ちょっとシャレた感じになりますけども。
単に**「フライパンでカンカンに熱したごま油を、蒸した魚と薬味の上からジュッとかける」だけの調理法**です。

中国料理の伝統技法ですが、カンタンなのにやたらプロっぽい。
当初、友人宅のホムパで見て、「おおぅ…」と感動したものです。
いつものひとり飲みが、ちょっとしたエンターテインメント!

できれば魚はセイロで蒸したいけど、**ひとり飲みならレンジ蒸しでも十分。** OK!
生鮭、たら、スズキなどの切り身がよく合います。
特に生鮭は、塩鮭と違ってパサつきがちなので、
油を足すことでしっとり食べられますよー。

レンジ蒸しのポイントは、
下味に酒をふりかけること(生臭みが消える&加熱するときの蒸気になる)と、
ふわっとラップをかけること。
加熱しすぎると、あっという間にカチカチになるので注意して。

ごま油を
ジュッ！

オリーブオイルとパクチー！

ポルトガルいわし

〈材料〉

・いわし　2尾
・塩、黒こしょう、オリーブオイル　各適量
・じゃがいも、レモン、パクチー　好きなだけ

〈作り方〉

1 じゃがいもは、食べやすく切って粉ふきいもにする。パクチーは食べやすく切る。

2 いわしは内臓をとって洗い、水気を拭いて塩をふり、魚焼きグリルで両面焼く。
このとき、頭がついているとポルトガルっぽい（私は、スーパーや魚屋で「頭を残したまま、内臓だけとってください」とリクエストしています）。

3 1、2を皿に盛りあわせたら、オリーブオイルをかけ、黒こしょうを挽き、レモンをたっぷり搾っていただく。

MEMO
日本と同じく「いわしの塩焼き」を食べるポルトガルの定番メニュー。
レモン、パクチーは現地でも必須アイテム！
オリーブオイルをたっぷりかけるのがポルトガル流です。

ピンクの漬物がアクセントに

刺身のしば漬けカルパッチョ

〈材料〉

- 白身の刺身（鯛、ひらめなど）　100g
- しば漬け（刻む）　20g
- 細ねぎ（小口切り）、オリーブオイル、しょうゆ、好みのかんきつ類　各適宜

〈作り方〉

1 刺身を皿に並べる。

2 しば漬け、細ねぎを散らし、オリーブオイル、しょうゆ、好みのかんきつ類をかけていただく。

MEMO

しば漬け以外の漬物でもOK。塩気と歯ごたえが刺身のアクセントに！
しょうゆは控えめ、オリーブオイルは、たっぷりどうぞ。

具は海老だけでプリプリ

揚げ海老ワンタン

〈材料〉

- 海老　3～4尾
- 塩　小さじ1
- 片栗粉　大さじ1
- 酒　大さじ2
- ナンプラー　小さじ1
- ワンタンの皮　6枚
- 小麦粉（水で溶く）　少々
- 揚げ油、スイートチリソース、パクチー（ざく切り）　各適宜

〈作り方〉

1 海老の殻をむいて背ワタを取り、ぶつ切りにする（面倒なら冷凍ものでもOK）。ボウルに入れて塩、片栗粉を入れてもみ、水で洗い流してペーパータオルで水気を切る。

2 1に酒、ナンプラーをもみこんでワンタンの皮で包み、水溶き小麦粉で端をとめる。

3 フライパンに底1cmほど油を入れ、2をからりと揚げる。皿に盛り、スイートチリソース、パクチーを添える。

MEMO

海老を大きめのぶつ切りにすると、プリプリとした歯ごたえが楽しめます。
生ほたてをぶつ切りにして、
2の下味をつけて包んで軽く揚げてもトロリとうまい！

日本酒にもワインにも！

生ほたての梅なめろう

〈材料〉

・生ほたて
（刺身用・角切りにする） 100g
・梅干し（種をとって叩く） 1個
・オリーブオイル　小さじ½
・しそ（千切り）　適量

〈作り方〉

1 ボウルに梅肉、
オリーブオイルを入れて混ぜる。

2 生ほたてを入れて和え、器に盛り、
しそをのせる。

MEMO

生ほたてのねっとりした味わいと梅肉はベストマッチ。
オリーブオイルを少々加えることで、
日本酒はもちろんワインにも合うおつまみに。

お弁当にもぴったり！

ぶりのにんにくみそ焼き

〈材料〉

- ぶり（切り身）　1切れ
- みそ　大さじ½
- 酒　大さじ1
- おろしにんにく　少々
- 大根おろし　適量

〈作り方〉

1 ぶりに塩（分量外）を強めにふり、
5分ほど置いてから水で洗い、
ペーパータオルで水気を拭く。

2 ポリ袋にみそ、酒、おろしにんにくを入れてもみ、
混ざったら1を入れて空気が入らないよう口をしばる。

3 30分〜一晩置き、みそをぬぐって
魚焼きグリル（または油をひいたフライパン）で焼く。
大根おろしと皿に盛る。

MEMO
朝、漬けておけば、帰って焼くだけ！
おつまみにはもちろん、お弁当のおかずにもぴったりです。
ぶりのほか、生たら、生鮭などでもOK。

第5章

果物で泡か白

子どものころは、果物への愛がなかった。
自分から食べるなんてもってのほかで、
皮をむいて、種をとって、ようじがさしてあれば、
食べてみてもいいかな〜くらい(何様だ!)。
でも、お酒を飲むようになって知ったんですよね。
「酒と果物って…なんて合うのかしら!」
チーズやオイルと合わせることで、一気に「酒のつまみ」に。
中でもスパークリングや白ワインがガンガンすすむ、
ワイン泥棒な果物レシピをご紹介します。

似た食感を組み合わせて！

柿とカブと生ハムのサラダ

〈 材 料 〉

- 柿(種なし)　1個
- カブ(大)　1個
- 生ハム　2枚
- オリーブオイル、白ワインビネガー、塩、黒こしょう　各適量

〈 作 り 方 〉

1 柿とカブの皮をむいて半割りにし、5㎜幅の薄切りにする。

2 ボウルに 1、ちぎった生ハム、オリーブオイル、白ワインビネガー、塩、黒こしょうを加えて和える。
＊余裕があれば、カブの茎をサッとゆでて5㎜幅に切って混ぜると彩りUP ！

柿とカブは、同じくらいの大きさに切ります。一緒に食べると、似た食感なのに違う味なのが楽しい！

柿とカブと生ハム。

この組み合わせを初めて食べたのは、

フレンチでもイタリアンでもなく、居酒屋でした。

日本酒をメインに出す店のカウンターで、

大鉢に入ったこの和え物（サラダではなく）を食べて心底衝撃…！

やわらかすぎない甘い柿、柿と大きさをそろえて切られたカブ、

甘い柿にもサッパリとしたカブにも合う塩気とうまみのある生ハム…。

柿とカブという食感が似ているものをそろえる楽しさや、

これらをまとめあげるオイルとビネガーの底力にも感動しました。

この組み合わせさえ守れば、ただ切って混ぜ合わせるだけ！

日本酒はもちろん、ワインにもぴったり合う、

秋だけの果物サラダです。

お酒にホントに合う！

柿とカブと生ハムのサラダ

シチリアの定番サラダ

オレンジとピスタチオのシチリア風サラダ

〈材料〉

・オレンジ　1個
・ピスタチオ（殻つき）　20粒
・オリーブオイル、
　白ワインビネガー、ミント、
　塩、こしょう　各適宜

〈作り方〉

1 オレンジは包丁で皮をむき、乱切りにする。
ピスタチオは殻をむいて粗く刻む。

2 ボウルにオレンジを入れてオリーブオイル、
白ワインビネガー、ちぎったミント、
塩、こしょうを加えて和える。

3 皿に2を盛り、
ピスタチオをかける。

りんごのように皮をむいてから乱切りに。表面の白い皮は苦いので厚めにむいて。

MEMO

オレンジが名産のシチリアでよく食べられるサラダ。
「にんじんの塩もみ」（P.62）を加えて和えてもおいしい。

チーズをのせて焼くだけ

いちじくのゴルゴンゾーラ焼き

〈材料〉

- いちじく　1個
- ゴルゴンゾーラチーズ　60g
- オリーブオイル　小さじ1

〈作り方〉

1 いちじくを皮ごと半割りにし、
耐熱容器に並べる。

2 半量ずつのゴルゴンゾーラをちぎってのせ、
オリーブオイルをかけ、
オーブントースターで焼き目をつける。

MEMO

熱々のとろけるいちじくがワインに合いすぎる！
切ってのせて焼くだけですが、とんでもないワイン泥棒。
チーズはカマンベールチーズなどでもOK！

ベーコンの塩気がマッチ！

ぶどうとベーコンのソテー

〈 材料 〉

- ぶどう（皮付きで食べられるもの・種なし） 100g
- ベーコン　40g
- 黒こしょう　少々

〈 作り方 〉

1 ぶどうは半分に切る。ベーコンは5㎜幅に切る。

2 フライパンにベーコンを入れて弱火にかけ、脂を出すように炒める。

3 ぶどうの断面を下にしてフライパンに入れ、じっくりと焼きつける。
仕上げに全体をざっと混ぜ合わせて皿に盛り、黒こしょうをふる。

MEMO

皮付きぶどうの断面から火を入れることで、果肉がとろりととろけます。
ベーコンから出たおいしい脂をまとわせればパンチのあるつまみに。
塩気はベーコンだけで十分！

ハナコラム
④

1000円台でイケる！　家飲みワインの選び方

私が家で飲むのは、主にビール、ホッピー、ワイン、
乙類焼酎、日本酒…って、まあなんでも飲むんですけれども。
でも毎日のことだから、そんなに高いお酒は飲めません。
中でもわかりやすく値段が違うのは、やっぱりワイン。
フルボトルで500円のものから、10000円超えまでピンキリ！

私がひとり飲み用に買うのは、主に1000円台。
2000円台なら誰かと飲みたいし、3000円台以降はもはや勝負ワインの域。
限られた予算内で、なるべくハズレのないワインを買いたいけど、
いかんせん知識がないのが辛い！（いやホントに）

そんな私でも、高い確率でおいしいワインを買える方法。
それは、ズバリ「店の人に聞くこと」です。
ワイン専門店の店員さん＝「ワインが好きで好きで仕方がない人」。
隙あらばワインを人に薦めたいし、ワインの話をしていれば幸せな人たちです。

「安いワインはおいしくない」「ワインの知識がない人には説明しても無駄」
…そんな店員さんは、なかなかいません。
「今夜は春巻きを食べるつもり」「果物のサラダで飲みたい」など、
その日のつまみを伝えれば、喜んで予算内の素敵ワインを選んでくれるはず。

また、輸入食品チェーンの「カルディ」で店頭に出ているワインはお買い得。
大量に仕入れているだけに、コスパがよいものが多い気がします。
スーパーマーケットやコンビニでも扱っている「コノスル」シリーズも、
ハズレが少ない安うまワインでオススメですよ！

ワインの飲み残しは100円均一でも売っている専用パッキンで栓。酸化をふせいでくれます。

ハナコラム
⑤

料理家さんに教わった逸品
内田真美先生の「桃とモッツァレラのサラダ」

〈材料〉

・モッツァレラチーズ　1個
・桃　1個
・オリーブオイル　適量
・レモンの皮　適量
・白ワインビネガー　適量
・塩、こしょう　各適量

〈作り方〉

1 モッツァレラチーズは、ひと口大に手でちぎっておく。桃は食べる直前に皮をむき、ひと口大の乱切りにする。
2 皿に桃とチーズを盛りつけて、上からオリーブオイルを回しかける。
3 レモンの皮をゼスターで削るかせん切りにしたものを全体に散らし、白ワインビネガーを回しかけ、塩、こしょうをふる。

7年前、初めてそのレシピを家でつくったとき、
思わず幽体離脱しそうなほど感動しました。

それは、内田真美先生の著書『洋風料理　私のルール』にあった、
「桃とモッツァレラのサラダ」。
季節は、桃が出回る夏まっさかりのこと。

乱切りにした桃とちぎったモッツァレラを皿にのせ、
白ワインビネガー、オリーブオイル、レモンの皮、塩、こしょうをふりかけるだけ。
調味料の分量は、すべて「適量」！

食べてみれば、甘くやわらかな桃に乳臭いモッツァレラ、
それを引き締める白ワインビネガー、すべてをつなぐオリーブオイル、
華やかさをまとわせるレモンの皮…
本当に必要なメンバーだけが、お互いのことを引き立てあい、
見たことのない最高のステージを繰り広げているような皿。すごすぎ！

著書内の内田先生のコメントで印象的だったのは、
「果物のサラダには、レモン汁ではなく
白ワインビネガーを是非。醸造されたものが加わると
一気に果物を“料理”の方に
向かわせてくれるから」という言葉。
この一言が、研ぎすまされた
レシピを物語っているのだなあ。

元ネタは、
この本に！

『洋風料理　私のルール』
内田真美・著
アノニマ・スタジオ
ハナコ的には「好きなものしか載ってない！」と断言できる運命の一冊。果物、羊肉、ハーブ、ナッツ…ほぼすべての掲載レシピをつくりました。

ハナコラム
⑥

お皿のはなし

大好きなお皿があれば、どんなに簡単なおつまみを盛ってもテンションが上がる。
1枚1枚に思い出が詰まった、ハナコの愛用皿をご紹介します。
ちなみに本書に登場のお皿も、ほぼすべて私物！

フランスの骨董皿

パリの蚤の市にて各8ユーロだったアンティーク皿。オーバル皿には果物やチーズのサラダを盛るとかわいい。すもも柄の皿には「レンジ蒸し鶏のにんにくヨーグルトソース（P.38）」をよく盛っています。

モロッコの中鉢

エキゾ食器好きにはパラダイスなかわいさと価格の国・モロッコ。腕がもげそうになりながら、手荷物で持ち帰った食器は15kg！　鉢にはスープのほか、煮込みなどを盛っても。

ウズベキスタンの作家皿

ウズベキスタンのリシタンという窯元の町で買った皿。繊細で美しい手描きの模様と、深い青色の絵の具が素敵。作家さんの工房に並ぶ一点物の皿を選ぶのは、本当に楽しかったなー。

ウズベキスタンの国民皿

旧ソ連統治だったウズベキスタン。社会主義国のなごりで、どのレストランでも同じ柄の皿が出てきます。やっぱり、マントゥ（餃子のような食べ物）やプロフ（羊の炊きこみごはん）などのウズベク料理を盛りたい！

秋田の樺細工椀

秋田・角館の樺細工。木の皮の模様が美しい伝統工芸品ですが、シンプルな中椀を現地で見つけて即買い！　稲庭うどんを入れたり、ポテトサラダを盛ったり、白い料理が映えます。

ポルトガルの小皿

ポルトガルの田舎町・エヴォラで入った小さなレストラン。店員さんにお願いして、厨房まで見せてもらいました。その帰りに「どうぞ」と紙で包んでくれた店のロゴ入りの小皿。

ハナコラム
⑦

かわいくておいしい！　安うま自然派ワイン

「自然派ワイン」という言葉を、
周囲から聞くようになったのは4年ほど前。
「体に染み込むワインだよ」と言われ、
飲んでみると、ぶどうジュースのようだった。

もちろんアルコールは入っているし、
飲み進めると不思議な発酵臭がする…
でも、なんだかじわじわおいしいな。
そして、どれもエチケット（ラベル）がかわいい！

自然派ワインとは、原料となるぶどうを作る際に、
できるかぎり除草剤や化学肥料を使わないワイン。
その土地の気候や風土を生かして育てるし、
醸造方法も人工物でコントロールしないので、
ワインの仕上がりも均一ではないことがある。

驚いたのは、作り手さんや紹介者さんたちに、
ラフで自由で楽しそうな人が多いこと。
ワイン＝「重い・難しい・緊張する」はずが、
拍子抜けなほどカジュアルでびっくりしたー。

今では自然派ワインを扱う店が増えたし、
ホムパに持参すると盛り上がるので
自分でもよく買います。
生産量が少なかったり、手間がかかる分、
2000円台以上の価格が多いワインだけど、
中には1000円台のオススメもありますよ！

おすすめの安うま自然派ワイン生産者

カミッロ・ドナーティ
美食の町・エミリア・ロマーニャでつくられるカミッロさんのワイン。赤も白も辛口の微発泡で、町の特産の生ハムやサラミとの相性抜群。

ルイ・ジュリアン
ポリタンクを持って生産者の家を訪ねる村人が絶えない現地消費ワイン。コップでぐいぐい飲める、ぶどうジュースのような味。

イル・ヴェイ
気取ったところがなく、誰もが素直においしいと感じるような普段着ワイン。こちらも村人用の量り売りが基本。エチケットもかわいい。

四恩醸造
山梨の自然派ワインの中でも人気のデイリーワイン。当主のつよぽん氏が、ほぼ一人で生産。どのワインも、ぶどうそのものの味がする！

自然派ワインが
買える
お勧めショップ

Wineshop & Diner FUJIMARU
＊店頭販売
中央区東日本橋 2-27-19 Sビル 2F
TEL 03-5829-8190
13:00～22:00　火・第2水曜定休

森田屋商店
＊web通販あり　http://sakemorita.com/
大田区東六郷 2-9-12
TEL 03-3731-2046
11:00～21:00　日曜定休
（日・月と連休の場合は月曜も休み）

第6章

1回作って3回飲もう

けっこうなレベルのめんどくさがり屋なので、
「少しでもラクしてうまいものを」と常日頃から思っています。
その強い味方といえば、やっぱり「常備菜」！
…んが、私はめんどくさがり屋なうえによくばりでして、
毎日同じものでは、すぐ飽きてしまう。
そこで、1回仕込めば3回使えるシンプルな常備菜を活用！
これなら、味つけやアレンジも自由自在で、
飽きずにおいしく食べきれますよー

私のスタメン常備菜！

にんじんの塩もみ

〈材料〉作りやすい量

・にんじん　3本（180g）
・塩　小さじ1

〔アレンジ調味料〕

◎和風

・酢、オリーブオイル、しょうゆ、
　みょうが（小口切り）、ごま

◎エスニック風

・レモン汁、オリーブオイル（もしくはごま油）、
　ナンプラー、パクチー（ざく切り）、
　ナッツ類、こしょう

◎洋風

・白ワインビネガー、オリーブオイル、
　塩、黒こしょう

〈作り方〉

1 にんじんは皮をむき、
千切りスライサーで千切りにする。

2 塩を混ぜて10分ほど置き、
水気をぎゅっと絞る。
この状態で、冷蔵庫保存。

3 各調味料を混ぜて和える。

できあがり♪

保存期間
1週間

私は外食が多いので、「家では野菜を食べたい」派。
（逆に店では「野菜なんて家で食べればいいのよ！」と肉ばかり食べてます）
ただ、家に帰って野菜のつまみをつくる際、
とにかくめんどくさいのが「皮をむいて包丁で切る」という作業…
ああ、もういっそ丸ごとかじりたい！！！

でも、冷蔵庫に「にんじんの塩もみ」があれば、あとは好みで味をつけるだけ。
極端に言えば、そのままでもわしわし食べられる。

この塩もみは、いろいろなアレンジが可能なので、
味つけ次第で、その日のお酒や料理に合わせることができます。
もちろん、味をつけた状態での保存も1～2日はOK。
翌朝はパンに挟んでサンドイッチにしてもよし、お弁当に入れれば彩りにも。
温かいごはんにのせて、納豆、生卵と混ぜても意外といけますよー。

アレンジ①
〔和風〕

アレンジ②
〔エスニック風〕

アレンジ③
〔洋風〕

超しっとり仕上がる！

低温鶏レバー

〈材料〉作りやすい量

・鶏レバー　食べたいだけ
＊余力のある人は、
長ねぎの青いところや
しょうが薄切りを
用意しましょう！

できあがり♪

保存期間
5日間

〈作り方〉

1 鶏レバーはふたつのレバー（右）と、ハツ（左）に分かれている（写真①）。それぞれ切り離したら、レバーの血管を断ち切るように切る。
ハツも縦割りになるように切る（写真②）。

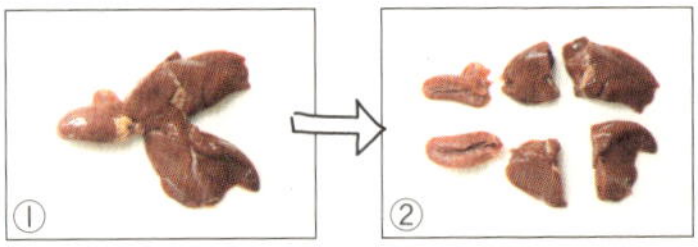

2 大きめのボウルにたっぷりの水をはってレバーを入れ、手で一方向にぐるぐると回す。遠心力で血の塊が出てくるので、水を替えながら繰り返す。ハツは流水で洗う。

3 鍋に湯を沸かし、水気を切ったレバー（あれば長ねぎの青いところやしょうがも）を入れる。もう一度湯が沸騰したら、火を止めてふたをする。
そのまま15分ほど放置して、ざるにあげる。

安くて、おいしくて、鉄分たっぷりの鶏レバー。
酒好きには気になる「肝機能UP効果」もあるそうだし（大事！）、
レバーを買えばハツまでついてくるお得感もすばらしい。

ただ、大きな問題が3つ。
①見た目がグロい ②血抜きがめんどくさい ③パッサパサになる
…うーん。①はあきらめていただくとして、②と③はオススメの解決策が！

まずは血抜き。
「牛乳に漬ける」とか、やたらめんどうな方法が多いのですが、私のオススメは
「ボウルでぐるぐる血抜き」。
これねー、簡単なのに確実に血が抜けます（達成感！）。

加熱法は、沸騰した湯に血抜きした鶏レバーを入れ、一度沸いたら火を止めるだけ。
余熱＝低温で火を入れるので、しっとりなめらかな口当たりに仕上がります。
5日間は余裕で日持ちOK。ちょっと貧血気味だなーというときにも大助かりかと！
ちなみにレバーは、納豆やほうれんそうより鉄分の吸収率が高いらしいですよー。

アレンジ
①

〔塩をつける〕

ゆでたての温かいうちに、
塩をつけて食べる！
鶏レバ好きには
コレが最高。

アレンジ
②

〔香味野菜和え〕

好みの香味野菜（細ねぎ、パクチー、しそ、みょうが、しょうが）とポン酢＋オリーブオイル、塩＋ごま油などで和えると料理らしくなります。みそ＋オリーブオイルや、叩いた梅干しなんかで和えてもうまい。

アレンジ
③

〔レバーペースト〕

温かいうちにフォークでペースト状につぶします。そこに、常温のクリームチーズ、おろしにんにく、塩、オリーブオイルを練り混ぜ、黒こしょうをガリゴリ。バゲットに塗ってワインと！

具なしが使いやすい

ナンプラーひじき

〈材料〉作りやすい量

- ひじき（長ひじきor芽ひじき、お好みで） 1袋（30g）
- ごま油　大さじ½
- A
  - 水　30mℓ
  - ナンプラー、みりん　各大さじ1½

できあがり♪

保存期間
1週間

〈作り方〉

1 ボウルにひじきを入れ、1〜2度サッと洗ったら、たっぷりの水を入れて戻す。戻ったら、2〜3回水を替えて洗い、ざるにあげる。

2 フライパンにごま油を中火で熱し、ひじきを入れてサッと炒める。Aを加えて、水分がなくなるまで煮からめる。冷蔵庫で1週間は保存可。それ以上は小分けにして冷凍を。

ひじきを食べると、「体にイイことしてるな〜」と思う。
納豆やヨーグルトを食べてもそう思うのですが、
ひじきは「調理しなくちゃ食べられない」ところが一段上（？）というか…。

実際、ひじきには、体に不足しがちなカルシウムがたっぷり。
食物繊維を豊富に含み、カロリーだってかなり低い。
酒好き女性たちの晩酌には、今すぐ取り入れたい優良食材！

…んが、そもそも五目煮が面倒。毎日延々と煮物ってのもどうなのよ。
わかります、わかります。ひじき、食べたいけど食べづらい。

そこでご提案。まず、五目煮はやめる。具は、ひじきだけ！
次に、しょうゆではなく、ナンプラーとみりんで味つけする。
これなら、にんじんや油揚げ、大豆などの具がなくてもすぐできるし、
ナンプラーにより、「ザ・和食」感が薄れてアレンジもしやすくなります。

小分け冷凍しておけば、「最近、食生活がヤバい」というときの強い味方に！
ごはんに混ぜるだけで、ヘルシーな「ひじきごはん」、
お弁当の「1品足りない！」にもぴったりですよー。 

アレンジ
①

〔ごまをふる〕

なにはともあれ鉄分を！
というときには、ごまでも
ふってそのままどうぞ。

〔サラダ〕

アレンジ
②

きゅうりや紫玉ねぎと合わ
せてサラダに。レモン汁を
たっぷり加えましょう！

アレンジ
③

〔ひじき入り卵焼き〕

卵を溶いてひじき煮を加え、
卵焼きに。塩やみりんで味を
ととのえてから焼いて。

熟成したうまみ！

塩豚

〈材料〉 作りやすい量

・豚肩ロース肉(ブロック)　500g
・粗塩　大さじ1

〈作り方〉

1 ペーパータオルで肉の表面を拭き、まんべんなく塩をすりこむ。

2 ラップでぴっちりと密封してポリ袋に入れ、冷蔵庫で3～5日寝かせる。

保存期間
1週間

できあがり♪

私の冷蔵庫(もしくは冷凍庫)に塩豚が入っていないときはない。
そう言いきれてしまうほど、頼りになる定番の常備菜が塩豚。

肩ロースブロック肉に塩をすりこみ、
ラップで包んで冷蔵庫に放り込むだけで勝手に熟成。
3日目くらいから肉が締まって濃厚になり、
「うまみのもと」として大活躍してくれます。
(**私は、5日目以降のギリギリやばそうなものが好き…**
心配な人は、3日目以降は小分けして冷凍するとよいかと)

ただ薄切りにして焼くだけでもおいしいし、
水で煮ればすばらしいだしが出まくり。
この塩豚レシピを取り入れるようになったおかげで、
ブロック肉をお得に使いこなせるようになりました。

アレンジ
①

〔焼くだけ〕

5〜8㎜厚さに切って、フライパンでじっくり焼きます。サニーレタス、パクチー、しそなどで巻いてどうぞ。

アレンジ
②

〔スープ〕

うまみが詰まった塩豚は、水で煮るととんでもなくおいしいだしが出ます。大きめに切った長ねぎや大根、れんこんと炒めてから水を加え、じっくり煮込んで。

アレンジ
③

〔炊き込みごはん〕

塩豚を5㎜角に刻み、つぶしたにんにく、酒、ナンプラーと米に混ぜて炊きます。炊き上がったら、小口切りにしたししとうを混ぜ込み、黒こしょうをひいてレモンを搾ります。

野菜不足の救世主！

蒸し煮ラタトゥイユ

〈材料〉作りやすい量

- 玉ねぎ（1cm角）　1個
- なす（5mm幅の輪切り）　2本
- ピーマン（1cm角）　3個
- しめじ（小房にわける）　1パック
- にんにく（つぶす）　2かけ
- トマト水煮カット缶　1缶
- トマトペースト（あれば）　大さじ1
- オレガノ　小さじ1
- 塩　大さじ½
- オリーブオイル　50ml

〈作り方〉

1 厚手の鍋にオリーブオイルとにんにくを入れ、弱火で熱する。

2 香りが出たら、玉ねぎ、なす、ピーマン、しめじの順に鍋に加えて炒め、全体に油がまわったらトマトペーストを加えて1～2分炒める。

3 トマト水煮缶、オレガノ、塩を加えて30分ほどふたをして煮る。このとき、焦げつき確認をするほかは混ぜすぎないこと（煮くずれます）！

できあがり♪

保存期間
4日間

なんでもいいから、とにかく野菜を食べたい。
肉なしでいい。というか、肉は食べたくない。でも、料理をする時間がない…。
そんなギブミー野菜なとき、冷蔵庫にラタトゥイユがある安心感といったら！
私は冷蔵庫から保存容器を出し、おもむろに立ち食いしたりしております。
だって、冷たいままでもおいしいんだもん！

材料を鍋にどんどん加えたら、あとは煮込むだけ。
コンソメなんて入れなくても、
野菜同士の相乗効果で、肉なしとは思えないほどおいしく仕上がります。
ポイントは、煮ている間に混ぜすぎないこと（煮くずれやすい！）、
オリーブオイルはケチらないこと（油っけのないラタトゥイユなんて！）、
できれば一晩寝かせて食べること（味が落ち着いてまろやかになる）。
トマトの水煮缶を減らして、野菜の水分メインで煮てもおいしいですよ。

ご紹介したパン粉焼きやパスタソースだけでなく、
ブレンダーでかくはんし、豆乳や牛乳を加えてポタージュにするのもオススメ。
なにもないときは、これとパンだけでも十分です。

アレンジ ①

〔冷やして〕

温かいままはもちろん、夏なら冷製でもおいしい。一晩寝かせると味がなじみます。オリーブオイルをかけてどうぞ。

アレンジ ②

〔パン粉焼き〕

耐熱容器に入れてパン粉をかけ、オーブントースターで焼けばグラタン風に。とろけるチーズをかけて焼いても。

アレンジ ③

〔パスタソース〕

パルミジャーノをたっぷり加えてパスタソースに。ベーコンや、市販ジェノベーゼ、アンチョビを加えてアレンジしても。

ハナコラム
⑧

食べ物の本しかない！　ツレヅレハナコの本棚

食べることと同じくらい、本が大好き。だから、私の本棚には食に関する本が詰まっています。小説、漫画、ルポルタージュ、写真集…レシピ本でなくても、食に関する印象的な描写は多数出てくるので油断ならない！今回ご紹介するのは、開くたびにワクワクし、感動し、元気になり、ときには考え込み、やっぱりお腹がすくようなお気に入りの本。中には絶版もありますが、ご興味のある方はネット書店などでも探してみてくださいね。

『わが家の夕めし』
アサヒグラフ・編
朝日文庫
当時の作家、歌舞伎役者、建築家、市長…100人の著名人が自宅で夕食を食べる姿を収めた写真集。ムツゴロウさんは、熊とししゃもで夕食！

『PLATES+DISHES』
Stephan Schacher
Princeton Architectural Press
アメリカのダイナー写真集。右ページにウエイトレス、左ページに店の料理（卵＆いも率高い）を延々と掲載。ダイナー大好きな私にはたまらん。

『ききがたり
ときをためる暮らし』
つばた英子・つばたしゅういち・著
自然食通信社
自宅に広大なキッチンガーデンを持つつばたご夫妻。ご高齢ながら、互いを気遣いながら生活を楽しむ姿に憧れ。

© 伊藤理佐 / 講談社

『おいピータン!!』
伊藤理佐・著
講談社
食べることが好きなら頷かずにいられない「あるあるネタ」がてんこ盛り。人にプレゼントするくらい大好きな、食べ物漫画の金字塔。

『イスラム飲酒紀行』
高野秀行・著
扶桑社
辺境作家の著者が酒を禁じるイスラム圏で地酒を飲むルポ。帯の「タブーを暴きたいわけじゃない。酒が飲みたいだけなんだ！」が最高！

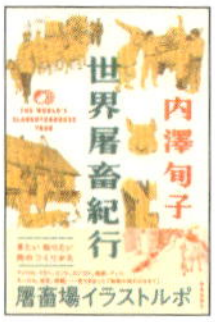

『世界屠畜紀行』
内澤旬子・著
解放出版社
屠畜に関する色々な本を読みましたが、中でもすばらしい著作！　世界中の屠畜風景を自腹でルポ。食肉と人間の関わりを改めて考えます。

『停電の夜に』
ジュンパ・ラヒリ・著
小川高義・訳
新潮文庫
インド系アメリカ人の著者（美人！）が書く胸にしみいる小説。その中に出てくるインド料理がおいしそうすぎて集中できないのが難…。

『東南アジア
ガハハ料理ノート』
森優子・著
晶文社
東南アジア旅行記と共に、イラスト付きでレシピを紹介する爆笑エッセイ！　掲載レシピを端からつくりました。

第7章

材料は少ないほどうれしい

どんなにおいしそうなレシピでも、
材料表の食材数が多いとテンションが下がる。
きっと全部そろえたらおいしいんだろうな。
でもシンプルなのも悪くないと思うのよね。
「五目」が当然なものも「二目」じゃダメかしらー？
そんなふうに材料を減らしていった結果、
「これも悪くない…というか好き！」になった品々。
材料は少なくても、バッチリおいしくできますよー。

卵とだし汁を味わう！

卵だけ茶碗蒸し

〈材料〉

・卵　2個
・だし汁　150mℓ
・しょうゆ、みりん　各小さじ1

〔べっこうあん〕
・だし汁　80mℓ
・しょうゆ　小さじ1
・片栗粉（水大さじ1で溶く）　小さじ1

〈作り方〉

1 ボウルに卵を溶き、冷ましただし汁、しょうゆ、みりんを加え混ぜる。

2 1をざるに通してから器に入れ、蒸し器で15～20分ほど弱火で蒸す。竹串で中央を刺して、卵液が出てこなければOK。

3 小鍋に、べっこうあん用のだし汁を沸かし、しょうゆを加え、水で溶いた片栗粉を加えてとろみをつける。2にかけていただく。

MEMO

卵とだし汁だけでも十分おいしい茶碗蒸し。
べっこうあんをかけるとシャレた見た目になりますが、ナシでもOK。

好きな薬味をどっさりと

マヨなし薬味ポテサラ

〈材料〉

- じゃがいも　1個
- 好みの薬味　適宜
  ＊みょうが、細ねぎ、しそ、ディルなど
- オリーブオイル、レモン汁、塩、こしょう　各適宜

〈作り方〉

1 じゃがいもの皮をむき、四つ割りにして鍋に入れ、水をひたひたに加えてゆでる。
火が通ったら湯を捨てて水分を飛ばし、粉ふきいもにする。

2 熱いうちにフォークでつぶし、オリーブオイル、レモン汁、塩、こしょうで味をととのえる。

3 粗熱が取れたら、刻んだ薬味を混ぜる。

MEMO

定番のきゅうりやハムなしのシンプルポテサラ。
「やっぱりマヨ味がいい！」という人は、オリーブオイル＋レモンをベースに少しだけマヨネーズを加えるとサッパリ味に。

つなぎも必要なし！

肉肉しいミートボール

〈 材 料 〉

- 合い挽き肉　130g
- 玉ねぎ（粗みじん切り）　¼個
- 塩、こしょう　各少々
- オリーブオイル　大さじ1

〔生トマトソース〕

- トマト（5mm角に切る）　½個
- オリーブオイル　小さじ1
- 塩、こしょう　各少々
- ミント（ちぎる）　適量

〈 作 り 方 〉

1. 容器に生トマトソースの材料を混ぜ合わせておく。
2. ボウルに合い挽き肉、玉ねぎ、塩、こしょうを入れてよくこね、5等分して丸める。
3. フライパンにオリーブオイルを熱して2を並べ、ふたをしながら両面焼く。
4. 皿に盛り、生トマトソースを添える。

MEMO

レモンを搾ったり、
「にんにくヨーグルトソース」（P.38）を添えてもおいしい。
つなぎなしの肉肉しさは、焼きたてが最高！

生クリームを使わない

フランスの芋グラタン

〈材料〉

- じゃがいも　2個
- 牛乳　300mℓ
- おろしにんにく　少々
- ナツメグ　少々
- とろけるチーズ　40g
- 塩　小さじ1

〈作り方〉

1 鍋に牛乳を入れる。じゃがいもの皮をむき、スライサーで薄切りにしながら牛乳の中に落とす（水にさらさない）。

2 1に、にんにく、塩を加えて弱火にかけ、ゆっくり加熱する。じゃがいもに火が通り、ねっとりしてきたら、ナツメグを加え混ぜ、耐熱容器に入れる。

3 とろけるチーズを表面に散らし、オーブントースターで焼き目がつくまで焼く。

MEMO

フランスで肉料理に付け合わせる定番グラタン「ドフィノワ」。
玉ねぎも生クリームも不要ですが、
ナツメグを一振りすると一気に本格的になります。

れんこんだけでおいしい!

シンプル筑前煮

〈材料〉作りやすい量

- 鶏もも肉　1枚
- れんこん　200g
- サラダ油　大さじ1

A［水　200mℓ
　 酒、しょうゆ、みりん　各大さじ1½

- 七味唐辛子　適量

〈作り方〉

1 鶏もも肉は一口大に切る。れんこんは乱切りにして水にさらす。

2 フライパンにサラダ油を中火で熱し、鶏もも肉を皮目から入れて焼く。れんこんも加えてサッと炒め、余分な脂をペーパータオルで拭く。

3 Aを加え、アルミホイルで落としぶたをして水分がなくなるまで煮る。お好みで七味をふる。

MEMO

筑前煮＝五目が定番ですが、鶏とれんこんだけでも十分おいしい。
余力があれば、ごぼう、にんじん、こんにゃくもどうぞ。
フライパンを使うので焦げつきにくい作り方です。

ハナコラム
⑨

観てるだけでお腹がすく　うまげな映画

『めぐり逢わせのお弁当』の「パニール・コルマのお弁当」

舞台はインド。弁当配達人が届け先を間違えたことで、見ず知らずの男女が結びつく…。夫の愛を取り戻したい妻がつくるインド料理の弁当が、なんともおいしそう。手作りのパニール（チーズ）入りカレーにナンをつけたいわー！

DVD 3800円＋税　発売中
発売・販売元：東宝

『ペンギン夫婦の作りかた』の「石ラーがけ水餃子」

「石垣島ラー油」の生みの親、辺銀夫婦の物語。石垣島に移り住み、中国人のご主人と二人でラー油を開発する様子が描かれます。水餃子や、温かいごはんに石ラーをたら〜り。二人の食べっぷりも気持ちがよくて、見終わるころはお腹が鳴る！

Blu-ray 5800円＋税　DVD 3500円＋税　発売元：バップ

『ゴッドファーザー PARTⅢ』の「エロじゃがいもニョッキ」

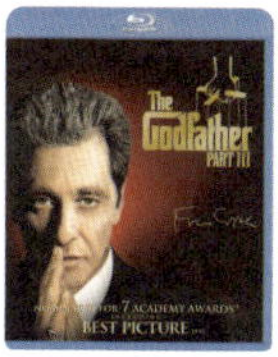

マフィアの抗争を描く映画ですが、さすがイタリア。食事シーンが盛りだくさん！　パート3ではカップルが二人きりでニョッキをつくるシーンがあるのですが、小学生のころにそれを観て、あまりのエロさに衝撃を受けまくりました…。

Blu-ray 2381円＋税　発売中
発売元：NBCユニバーサル・エンターテイメント

『聖者たちの食卓』の「“無料食堂”の10万人カレー」

インド北西部の黄金寺院には、毎日10万人(！)が訪れる「無料食堂」があります。すべてボランティアでまかなわれる食堂の様子を、淡々と追うドキュメント。宙を飛ぶステンレスの皿に盛られるカレー、いつか食べてみたい！

『ある精肉店のはなし』の「自分で育てた牛の焼き肉」

大阪にある精肉店のドキュメンタリー。私たちが食べている精肉がどのようにしてつくられているかを真摯に追っています。心に残ったのは、自分たちが育てた牛の肉を、自宅でバーベキューにして食べるシーン。めっちゃうまげなの。

『ジョゼと虎と魚たち』の「焼きたて玉子焼きの朝ごはん」

車いすの女の子ジョゼと、大学生・恒夫のせつない恋物語。ジョゼが恒夫に作る正統派和食が、おいしそうでたまらん…!!　あのだし巻き、漬物、みそ汁、そして炊きたてのごはん。たまに、朝ごはんに再現したくなる。

Blu-ray 3800円＋税　DVD 2381円＋税　発売中
発売元：アスミック・エース
販売元：(DVD)KADOKAWA/(Blu-ray)TCエンタテインメント

ハナコラム ⑩

料理家さんに教わった逸品
重信初江先生の「白菜と豚しゃぶ肉のみそバター鍋」

〈材料〉2〜3人分

・白菜　¼個(400g〜500g)
・豚ロース肉
（しゃぶしゃぶ用）　200g

煮汁
- 水　カップ4
- みそ　大さじ5
- みりん　大さじ2
- バター　20g

・七味唐辛子　適宜

〈作り方〉

1 白菜は繊維を断ち切るように千切りにする。

2 土鍋に煮汁の材料を混ぜ合わせて中火にかけ、煮立ったら弱火にする。

3 白菜を適量加えて少し煮たら、豚肉を広げてのせて火を通す。

4 肉に火が通ったら豚肉で白菜を巻き、好みで七味唐辛子をふって食べる。残りの白菜、豚肉も同様に適量ずつ加える。

珍しかったり、ちょっと高級な食材を使ったレシピには、
いつもワクワクします。
その一方、スーパーにある普通の食材だけを使って、
誰もが絶対おいしくつくれるレシピを提案する、
ザ・職人な料理家さんには心から憧れる！

そんな料理家さんのお一人である重信初江先生が、
とある雑誌ムックで提案していたのがこの鍋レシピ。

具は、白菜と豚しゃぶ肉だけ。
調味料は、みそ、みりん、バター、七味だけ。
鍋に必須と言われている「だし汁」も不要で、
ただ切って鍋に入れて煮るだけで、すぐ食べられる。

「材料が少なくて簡単そうだな〜」とは思ったけど、
実際に作ると、その計算されつくしたレシピに感激。
湯にみそを溶いただけではおいしくないけど、
みりんと白菜で甘みを、バターと豚肉でコクを加え、
仕上げには七味…このバランス、すごいなー！！

すぐ煮える細切りの白菜を豚しゃぶ肉でくるりと巻き、
汁ごと器に取ったら七味をパラリ。
あっという間に1/4個の白菜を食べ切った。
シメに中華麺（！）を入れると、
絶品みそバターラーメンになるのもサイコーなのです。

ハナコラム ⑪

レシピとも言えないけど飲める！ 文字だけつまみ

家での晩酌とは、日常の中にあるものです。食材も時間もあるヤル気満々な夜もあれば、とにかくなんでもいいから早く飲んでつまんで寝たい夜もある。そんな「もう料理なんてしたくない」バージョンの夜は、ちくわやきゅうりを丸かじりするだけでも上等！　好きな酒を数杯飲んだら、ふとんをかぶってサッサと寝てしまいましょう。でも、「もう少しできる」という夜なら、こんなつまみはいかがですか？　疲れてやさぐれた心も、ほんの少しだけ元気になるかも。

ピーマンのしょうゆ炒め

細切りピーマンをごま油で炒めて、最後にしょうゆをかける。もやしやキャベツだとなんとなく寂しいけど、ピーマンなら◎。

プロセスチーズの黒こしょうまぶし

プロセスチーズを角切りにして、黒こしょうを「これでもか」というくらいふる。ふるというか、まぶすくらいでちょうどいい。

ウインナーのナンプラー炒め

ウインナーを適当に切ってサラダ油で炒め、最後にナンプラーを。そのままでもいいし、レモンを搾って食べるとつまみ感UP。

甘栗とサラミのみそ和え

某バーで食べたものがヒント。市販のむいてある甘栗とサラミを同じ大きさに切り、みそ少々（硬ければ水を少し加えて）で和える。ウイスキーに合います！

オニスラの卵黄のせ

玉ねぎをスライサーで薄切りにして水にさらし、水気をぎゅっと絞る。かつおぶし、卵黄をのせ、しょうゆ、ラー油をたっぷりかけて混ぜる。定番ながら最高！

塩柿

柿を乱切りにして塩をふる。10分ほどおいて、表面がとろんとしたら食べごろ。ラ・フランスなどの洋梨でやってもおいしい。

厚揚げ焼いただけ

困ったときの厚揚げ！　一口大に切ってトースターでじっくり焼くだけで、表面は超カリカリ。しょうゆをかけるだけでも立派なおつまみ。

第8章

シメタンの誘惑

シメの炭水化物＝シメタン。
さんざん飲んで食べているはずなのに、
なぜか小腹が減る（気がする）深夜の誘惑…。
私がよく食べちゃうのは、「サッポロ一番塩ラーメン」。
割って半量にした麺（ささやかな抵抗！）に、
卵を入れてぐつぐつ煮るだけ。
見た目は超悪いけど、これがやたらにおいしいのです。
酔っていても作れる簡単シメタンは、やっぱり幸せの味。
食べすぎに注意しつつ、誘惑にのっかりましょう！

ごま油の香りで！

油かけ卵ごはん

〈材料〉

- 卵　1個
- ごはん（温かいもの）　茶わん1杯分
- ごま油　小さじ½
- しょうゆ　適量
- 細ねぎ（小口切り）　少々

〈作り方〉

1 ごはんの真ん中をくぼませて卵を割り入れ、ごま油、しょうゆをかけ、細ねぎを添える。

2 よーく混ぜて食べる。

まぜ
まぜ

MEMO

「卵かけごはんに、ごま油を入れる」という食べ方は、
10年ほど前に吉祥寺のホルモン屋さんで知りました。
ナンプラー好きな人は、
しょうゆの代わりにナンプラーでもどうぞ！

フライパンで焼ける

薬味みそおにぎり

〈材料〉

- ごはん(温かいもの)
  茶わん1杯分
- みそ　小さじ1
- 好みの薬味　適量
  ＊みょうが、ねぎなど
- しそ　1枚

〈作り方〉

1 ごはんに刻んだ薬味を混ぜ、おにぎりにする。

2 フッ素加工のフライパンを熱し、油をひかず
1のおにぎりを入れて両面こんがりと焼く。

3 おにぎりの両面にみそをスプーンか指でのばし、
焼き色がつくまで焼き、しそと共に皿に盛る。

MEMO
フライパンでつくる香ばしいみそ焼きおにぎり。
薬味は少量なら、みそに混ぜてから塗ってもOK（ちょっとはがれやすいけど）。

すりごまをたっぷりと

そうめんコングクス

〈 材料 〉

・そうめん　1把
・豆乳(無調整)　200mℓ
・めんつゆ(3倍濃縮)　大さじ1
・すりごま　大さじ2
・キムチ、きゅうり(細切り)、
　ゆで卵(半分に切る)　各適宜

〈 作り方 〉

1 ボウルに豆乳、めんつゆ、すりごまを入れて混ぜておく。
2 そうめんをゆでて氷水でしめ、水気を切ってから器に入れる。
3 1を注ぎ入れ、キムチ、きゅうり、ゆで卵をのせる。

MEMO

冷たい豆乳スープで食べる韓国の冷麺「コングクス」。
めんつゆを使った簡単バージョンをご紹介します。
シメはもちろん夏のランチなどにもオススメ。

翌日の予定がない夜に

にら和えうどん

〈材料〉

- うどん(冷凍)　1玉
- にら　1把
- オイスターソース、黒酢　各大さじ1
- ごま油　小さじ½
- ラー油　適宜

〈作り方〉

1 にらをなるべく細かく刻む。ボウルにうつしたら、オイスターソース、黒酢、ごま油を加えて混ぜ合わせる。

2 うどんをゆでてザルにあげ、熱々のうちに1のボウルに入れてからめる。器に盛り、ラー油をかけていただく。

ぐる
ぐる

MEMO

「明日は家に引きこもれる！」という夜に食べてほしい麺。
翌日、口がにらくさくなりますがうまーい！
猛者は、おろしにんにくをプラス。
食べるときに卵黄を落とすとマイルドに。

にんにくも玉ねぎも不要！

トマト缶だけスパゲティ

〈材料〉作りやすい量

- トマト水煮缶　1缶
- オリーブオイル　大さじ2
- 塩　大さじ½
- スパゲティ　適量

〈作り方〉

1 フライパンにオリーブオイルを中火で熱し、トマト水煮缶を手でくずしながら入れる。

2 塩を加え、弱火で10分ほど煮詰める。

3 別のフライパンに食べたいだけ2のソースを移して熱し、ゆでたスパゲティを入れてからめる。

MEMO

ほぼトマト水煮缶さえあればできてしまうソース。
イタリア人の友人が、この作り方でソースを作っていて目からウロコでした。
にんにくも玉ねぎも入りませんが煮詰めることでシンプルなうまさに。

ハナコラム
⑫

二日酔いを救う一杯

昨夜は楽しく快調に飲んだのに、今朝は猛烈に具合が悪い…。そう、酒好きの宿命・二日酔い！　原因は脱水症状なことが多いので、まずは水分補給を。二日酔いに効く成分を取り入れつつ、復活を待ちましょう。

塩グレープフルーツソーダ

〈材料〉

グレープフルーツジュース　100mℓ
炭酸水　100mℓ
塩　ひとつまみ

すべてを混ぜ合わせる

(memo) 二日酔いは低血糖になりがち。改善するには、
体に吸収されやすい果糖を含んだ果物ジュースを！
塩分も不足している状態なので、ひとつまみプラスして。

はちみつ湯

〈材料〉

はちみつ　適量
湯　適量

すべてを混ぜ合わせる

(memo) はちみつには、アルコールの分解を助ける
果糖が豊富に含まれています。
韓国では二日酔いの定番＝「はちみつ水」！
お湯に溶かすと弱った胃腸がじんわり温まります。

豆乳トマト

〈材料〉

豆乳　100mℓ
トマトジュース　100mℓ

すべてを混ぜ合わせる

(memo) トマトに含まれるリコピンには、
二日酔いを引き起こす成分アセトアルデヒドを抑制する
作用があると言われています。
豆乳は、本来「飲酒前」に飲むとよいらしいのですが…。汗

ハナコラム
⑬

ひとり飲み女性のオアシス！「サイゼリヤ」徹底活用術

仕事帰りや買い物途中など、「ひとりでサクッと飲みたい」とき。私が結構な頻度でおじゃまするのがファミレスの「サイゼリヤ」です。いや、ホントにすばらしい…全酒飲み女性のオアシスだよ！　この店を全国に作ってくれて、ありがとうございます！

ファミレスだから、女ひとりでビールを飲もうが、ワインをデキャンタで飲もうが、誰の視線も気にならない（どこの店でも見られていないのに、「寂しそうと思われていないかしら」とか気になるのが女心…）。居酒屋だと勝手に出てくるお通しもないし、ビールもワインも格安。1杯100円のワインも、ビックリするほどおいしいですよね。いいものを大量に仕入れて高コスパで提供できるのは、巨大チェーンならではだと思う。

おすすめのつまみは前菜。プロシュート、ほうれん草のオーブン焼き、エスカルゴが私の3大オーダーです。必須はプチフォッカ…これがまたすばらしい。そのへんのイタリアンよりうまい焼きたてモチモチ生地で、つまみとしての量も丁度いい。熱々のフォカッチャにプロシュートを巻き、脂が溶けたところを食べるとワインのお相手に最高です。

ハナコのおすすめ
つまみメニュー

この値段でありえないレベル

「プロシュート」

ベシャメルソースでうっとり

「ほうれん草のオーブン焼き」

冷たいビールにはコレ一択！

「辛味チキン」

フォカッチャをオイルにつけて

「エスカルゴのオーブン焼き」
＋「プチフォッカ」

半熟卵をソースがわりに！

「柔らか青豆の温サラダ」

ショートパスタならつまみに◎

「アラビアータ」

トッピングでさらに飲める！

「ペコリーノ粉チーズ」
「エクストラ・バージン・オリーブオイル」
「トッピング半熟卵」

Saizeriya
RISTORANTE E CAFFÈ
イタリアンワイン＆カフェレストラン
サイゼリヤ

特別章-1

大好きな店のアレ

繰り返し飲みに通う店には、必ずおいしいつまみがあります。
プロが作る料理ならではの、驚きとワクワクと感動…
レシピを聞けば教えてくれることも多いから、
家で作るつまみのヒントにさせてもらうのも楽しい。

とはいえ！
レシピ通りにつくっても、お店と同じ味には決してなりません。
材料も手のかけ方もさすがプロ。自宅では無理なことも多い…。
だから、勝手なアレンジの「なんちゃってメニュー」を作り、
また今夜も「あー、お店に行きたいなあ」と思うのです。

大鉢料理にあれば絶対頼む！

「おでん太郎」の新じゃが煮

〈材料〉作りやすい量

・新じゃが（粒の小さいもの）
　15〜20個

A［しょうゆ、酒、みりん
　各大さじ1

・オイスターソース　大さじ1

・バター　10g

〈作り方〉

1 新じゃがを皮ごと鍋に入れ、ひたひたより少し上くらいの水、Aを入れる。

2 落としぶたをして弱めの中火で煮る。

3 竹串がスッと入り、水分が底1cmほどになったら、オイスターソース、バターを加えて火を強め、全体に煮からめる。

「世界一好きな店」を聞かれたら、迷わず「おでん太郎」を挙げます。

吉祥寺に住んでいた10年ほど前、このお店の前を通って通勤していました。
細い路地にあり、入り口にはシブい看板と縄のれん。
暗くて狭い階段を降りなければ店の様子はわからず、
とてもじゃないけど一人で気軽に入れる雰囲気ではない店構え。

でもある夜、店の前をほろ酔いで通ったのが運命の日。
勇気を出して階段を降りると、
そこには超ピースフルな空間が…。
やー。もっと早く勇気を出して降りればよかったわー。

店内には、地下にもかかわらず活気のあるカウンターとテーブル席。
やさしい笑顔のご主人がつくるおでんは鍋いっぱいに煮え、
カウンターにはおかみさんの大鉢料理がズラリ。
ひとりで行くと料理を少しずつ盛り合わせてくれて、
レシピを聞いたりしながら気持ちよく飲んで食べて帰っていたなあ。

定番のようでいて少しひねりを効かせるのがおかみさんの得意技。
中でも、新じゃが煮の隠し味を聞いたときは衝撃！
これまで何度も作ったし、きっとこれからも作り続けていくと思う。

おでん太郎

武蔵野市吉祥寺本町1-8-14 B1
TEL 0422-21-6666
18:30〜24:00　月・火・水曜定休

オイスター
バターの味！

むちむちの食感がやみつき！

「ロムアロイ」の生春巻き

〈材料〉 作りやすい量

- ライスペーパー　4枚
- 鶏もも肉　1枚
- ナンプラー　大さじ1
- もやし　適宜
- ハーブ各種　適宜
  ＊パクチー、ミント、
  スイートバジルなど
- スイートチリソース　適宜

〈作り方〉

1 鶏もも肉を皮ごと鍋に入れ、かぶるくらいの水、ナンプラーを入れる。
中火にかけ沸騰したら弱火にして5分ほどゆで、火を止めて冷ます。
粗熱が取れたら薄切りにする。
（余った分は、ほかの料理に使いましょう！）

2 ライスペーパーを水で濡らしてまな板にのせる。
このとき、2枚ずつ重ねておく。

3 ハーブ類、鶏肉、もやしの順でのせ、手前から
空気が入らないようにギュッと巻き込んでいく。

4 ラップに包み、3時間ほど冷蔵庫で寝かせる。
食べやすく切り、スイートチリソースを添えていただく。

ライスペーパーを2枚重ねたら、ハーブ類、鶏肉、もやしの順に具をのせる。

空気が入らないように、ギュッと巻き込みながら巻いていく。

タイには何度も行っているけど、
初めて「ロムアロイ」に行ったとき「現地よりうまい…！」と思った。

店主のヌディンさんが一人でつくる料理は、繊細にして大胆。
日本では貴重なタイハーブがたっぷりと使われ、
中でも生春巻きは「もう他では食べられない！」という衝撃のおいしさ。

その秘密は、ライスペーパーの使い方。
ベトナム製の薄いライスペーパーを2枚重ねることで、
むちむちとした食感を作り出しています。なるほどー！
生のもやしは「ゼッタイ、イレルノ」だそうなのでお忘れなく。

ロムアロイ
中野区東中野1-55-5 土田ビル1F
TEL 非公開
不定休　＊予約不可

皮を2枚
重ねて!

好みの果物をのせて！

「天★」のレバパテ果物のせ

〈材料〉 作りやすい量

〔レバパテ〕

・鶏レバー（正味）　250g

A
- にんじん（薄切り）　½本
- 玉ねぎ（小・薄切り）　2個
- にんにく　¼かけ
- しょうが　½かけ
- 酒、しょうゆ　各50ml
- みりん　25ml

・バター　80g

・黒こしょう　少々

〔仕上げ〕

・バゲット（薄切り）、
　いちじく（季節の果物）、
　ミント　各適宜

〈作り方〉

1 鶏レバーを血抜きしないまま、サッと熱湯でゆでる。
ボウルに水をためて鶏レバーを入れ、つなぎ目にある
血の塊やすじを手でていねいにとる。

2 鍋に 1 、Aを入れ、
ひたひたになるくらいの水（分量外）を加える。

3 あくをとりながら、野菜がやわらかくなるまで煮込み、
水分が煮詰まったら火を止める。
しょうがを取り出し、粗熱がとれたら、
バター、黒こしょうを加えて混ぜる。

4 3をフードプロセッサーにかけ、
ラップを敷いた容器に流し込む。
冷蔵庫に入れて冷やし固める。

5 トーストしたバゲットに、5mm幅に切った4、
いちじく、ミントをかざる。

日本酒を飲みはじめたのは、7年ほど前のこと。
このお店「天★」と出会ったことがきっかけでした。

まず驚いたのは、お酒の銘柄を自分で選ばなくていいこと。
日本酒のことなんて全然わからなくても、
うまげな食べ物メニューから好きなつまみを注文すればOK。
（顔はコワいけど）やさしい店主の早坂さんが、
料理に合うお酒を少しずつ選んで出してくれるのです。

ワインのつまみのイメージが強いレバパテも、
こちらのレシピではしょうゆ、みりん、しょうが入り。いちごや金柑、
いちじくなどの果物と一緒に食べると、日本酒にもすばらしくよく合う！

ホムパなどにも持参しやすく、皆のウケもかなりイイ鉄板つまみ。
「低温鶏レバー（P.64）」のペーストに果物をのせることもあるけど、
やっぱり「天★」のレバパテが食べたくなっちゃうのよねー。

天★（てんせい）
杉並区梅里1-21-17
TEL 03-3311-0548
18:00～24:00　不定休

97　「天★」のレバパテ果物のせ

野菜の歯ごたえを楽しもう！

「オルガン」のクスクスサラダ

〈材料〉 作りやすい量

・カブ、にんじん、ブロッコリー、
かぼちゃ、さつまいも、いんげん、
プチトマト、きゅうり　全部でボウル一杯

・クスクス　大さじ2

・オリーブオイル　小さじ1

〔ドレッシング〕

・オリーブオイル、ディジョンマスタード、
白ワインビネガー、おろしにんにく、
塩、こしょう　各適量

〈作り方〉

1 器にクスクスと同量の熱湯を加え、ふたをして戻す。
オリーブオイルを加えて混ぜる。

2 カブ、ブロッコリー、にんじんを一口大に切り、
時間差で味見をしながら硬めにゆでる。

3 かぼちゃ、さつまいも、いんげんは一口大に切り、
硬めに蒸す。

4 きゅうり、トマトを一口大に切る。

5 ボウルにドレッシングの材料を入れて混ぜ、
1、2、3、4を加えて和える。

「オルガン」へ行くたび、「なんて居心地がいい店なんだろう」と思う。
店主の紺野さんが集めたアンティークの家具は、
一見バラバラだけど、どこか共通点があるので落ち着きと親しみがある。
いつも満員御礼なのにうるさすぎず、店内を照らす光はふっくらと温かい。

席に着けば、ヴァン・ナチュールを愛する勉強熱心なスタッフがやって来て、
今日の1本を飲ませたいとうずうずしながらワインを薦めてくれる。
どのお料理もおいしくて、気が遠くなるような手間暇がかかっているのに、
お会計はリーズナブルで、帰りはいつも恐縮してしまう。

そんなお店だから、西荻窪という少し離れた場所でも自信を持って人を誘える。
「絶対、サイコーだからさ。飲みに行こうよ」と言えるお店があるって、
なんて幸せなことだろう。

このクスクスサラダは、姉妹店の「uguisu」で初めて食べた皿。
よくある「タブレ」とは違い、クスクスはまとわせる程度。
主役の野菜は生、蒸す、焼く、ゆでる…と調理法や火の入り具合が違い、
ドレッシングも相当こっている…って、こんなの絶対に作れないよー！
だから家では簡易版のレシピになるのだけど、
食べるたび、あの「居心地のよさ」を少しおすそわけしてもらう気持ちになる。

organ
杉並区西荻南2-19-12
TEL 03-5941-5388
17:00～24:00（ラストオーダーは23:00）　月、第4火曜定休

好きな
野菜でOK!

ハナコラム
⑭

オススメ手土産＆ホムパの掟

ホムパに何を持っていくか…。私もさんざん迷い続けてきましたが、
「これぞテッパン！」という“自分の定番”を決めると、ラクになります。
また、ホムパへ行く際には、注意事項もいくつか。
アイスクリームや冷凍食品など「要冷凍」のものは、
冷凍庫がいっぱいなことも多いので、事前に必ず連絡を入れましょう。
料理を温めるなどコンロを使わせてもらうときも事前に要確認を。
そして最大のマナーは、早く行きすぎないこと。
ギリギリまで準備をしてるホストを邪魔するのは超気まずい！
気をつけつつ、ホムパを楽しみましょー。

ハナコの定番手土産

高級な果物

センスに自信がなければコレ！
紀ノ国屋などで「ちょっとお高め」
の果物を買えば見栄えがします。

「大安」の無添加漬物

箸休めにうれしい無添加の漬物。
京都の会社ですが、いろんなデパ
地下に入っていて買いやすい。

神田「笹巻けぬきすし」のお寿司

老舗のお寿司。笹を開けると、光
物、おぼろ、たまごとネタが違っ
て盛り上がる！　日持ちも◎。

成城学園前「サルメリア69」のハム

もはや定番の激うま生ハム。どこ
に持参しても盛り上がる！　3000
円で盛り合わせがオススメ。

尾山台「オーボンヴュータン」の「フリアンディーズ」

お酒にも合う小さなケーキの12
個詰め合わせ。華やか～！ 予約必
至でもその価値はあるのでぜひ。

新宿3丁目「ル・プチメック東京」のバゲット

数種あるバゲットから2種を買って
行くのが定番。行動範囲内のおい
しいパン屋さんはホムパの味方！

特別章-2

ホムパの神様、ありがとう！

もしも「ホームパーティーの神様」がいるならば、
きっと私は愛されているに違いない。
そんな気がしてしまうほど、ホムパへ行く機会が多い。

みんなで少しずつ料理を持ち寄ることもあれば、
シェフさながらの料理をふるまってくれる友人もいる。
その恩恵にあずかれるのは、本当に幸せなことだとしみじみ……。

だから今夜も、ひっそりとつぶやいてしまうのです。
「ホムパの神様、ありがとう！」

クコの実がアクセントに！

亜由美さんの
白きくらげとユリ根のねぎ油和え

〈材料〉2〜3人分

- 白きくらげ（乾物）　10g
- ユリ根（小）　1個
- 長ねぎ（白い部分・5㎜角に切る）　¼本
- 太白ごま油　大さじ1
- 塩　小さじ½
- クコの実　適量

〈作り方〉

1 白きくらげは水で戻し、さっとゆでてから冷ます。クコの実を少量の水で戻す。

2 鍋に太白ごま油、長ねぎを入れて弱火にかけ、長ねぎに透明感が出るまで加熱する。

3 ユリ根はほぐして硬めにゆで、水にサッとつけて冷ます。冷めたら、すぐざるにあげる。

4 ボウルに白きくらげ、2、3を入れ、塩を加えて和える。皿に盛り、クコの実を散らす。

山本亜由美さんの本職は、
人気アクセサリーブランド「マーダーポーレン」のデザイナー。
そして、めちゃかわな猫「紅子」の飼い主でもあります。

彼女の作るアクセサリーは、「シンプル命」なご時世とは真逆をいく、
「盛って、盛って、盛りまくる」個性的なものばかり。
オリジナリティにあふれ、とてつもなくセンスがいいため、
どんな組み合わせでも、品があって華やかな仕上がりになる。

まさに、料理も同じなんだなあ…と、
ホムパに呼んでもらうたび思うのです。
とんでもなく多種類＆珍しい食材の組み合わせに、
「色で献立を考える」という発想。そして、どれもが超おいしい。
アーティストの料理、というか作品なんだよね。

今回、レシピを再現させてもらおうと
彼女の料理写真を見直したけど、
マネできそうなものが全然なくて、思わず笑ってしまった。
ああ！　想像もつかない料理に、また驚かされに行きたいよ！

各自で料理に合わせるソース。ココナッツミントソース、韓国ダレ、ほうれんそうブルーチーズペースト、木の芽みそ。

土鍋に塩を敷き詰め、取り寄せたモサ海老をのせてほうろく蒸しに！

亜由美さんのブランド公式サイト
「マーダーポーレン」
http://www.murderpollen.jp/

103 亜由美さんの「白きくらげとユリ根のねぎ油和え」

骨までほろほろ！

キョーエさんの オイルサンマーディン

〈材料〉 作りやすい量

- さんま　5尾
- 粗塩　適量
- にんにく　2かけ
- ローリエ　1枚
- 唐辛子　1本
- ローズマリー、
  オリーブオイル　各適量

〈作り方〉

1 さんまは、うろこ、頭、内臓をとって筒切りにする。
全体にバサバサと塩を振り、30分～1時間ほど置く。

2 1の塩を洗い流し、ペーパータオルで水分を拭きとる。

3 厚手の鍋に少量のオリーブオイルを入れ、
つぶしたにんにくを入れて炒める。
さんまを並べ入れ、ローリエ、唐辛子、ローズマリー、
さんまがかぶるくらいのオリーブオイルを加える。

4 ごくごく弱火にかけ、80℃くらいを保ちつつ1時間ほど
じわじわと火を通す。オイルにひたしたまま1週間保存可。
小分けにして冷凍も可。

食べ方

長ねぎ（薄切り）を耐熱容器に敷き、サンマーディンをのせて
トースターで温め、しょうゆをチラリ。
ごはんにのせたり、パスタの具にしてもOK。

私が知りうる限り「キング・オブ・料理上手な主婦」が、
キョーエさんこと京江倫子さん。
「夫と小さな息子に料理をつくる様子をブログにアップ」
…って、これ一般人の料理レベルじゃないでしょ！！
まだお子さんが生まれる前から読んでいた彼女のブログですが、
ぜひ皆さまにもチェックしてほしい（下記参照）。

普段の夕食に8品以上出すのは当たり前
（本人もフルタイムで働いてるのに！）。
本当に料理が好きなんだなあと思うし、
常備菜の作り方やアレンジの仕方など、
彼女のホムパに行くと勉強になることがとても多いのです。
このサンマーディンも、定番メニューのひとつ。
5尾作ってもすぐに食べ切ってしまうはず！

ほたてと山菜とカブのグラタン。実家から受け継いだパイレックスで。

潮干狩りしてきたあさり、そら豆をたっぷり加えた春のパエリヤ。

キョーエさんのブログ
「我楽多工場分室2」
http://junfac2.exblog.jp/

105 キョーエさんの「オイルサンマーディン」

この調味料でなんでもうまい！

スナックアーバン・ママちゃんの タイ風炒め

〈材料〉作りやすい量

- 小松菜　1把
- イカ（刺身用）　1杯
- オイスターソース、ナンプラー
  各小さじ2
- サラダ油　大さじ1
- にんにく（粗みじん切り）　½かけ
- 唐辛子（乾燥）　1本
- パクチー（刻む）、レモン（くし形切り）
  各適宜

〈作り方〉

1 小松菜はざく切り。イカは内臓をとり、
皮付きのまま大きめの一口大に切る。
オイスターソースとナンプラーは、
器に混ぜ合わせる。

2 フライパンにサラダ油、にんにく、唐辛子を
入れて熱し、香りが出たらイカを入れる。
うっすら白く半生になったら
小松菜を加えてザッと炒める。

3 1の調味料を手早く加え混ぜ、皿に盛る。
パクチーを散らし、レモンを添える。

四谷・荒木町にある会員制スナック「アーバン」。
知る人ぞ知るこの店のママをしているのが、臼井悠ちゃんです。
私は「ママちゃん」と呼んでいますが、
スナックをやる前は書籍の編集者だった異色の人。

タイが大好きで通っているうちに、
「現地の繊細なタイ料理を日本で再現したい」と
本格的なタイ料理を勉強。
ホムパをやる際は、サイウア（タイ北部のソーセージ）やら
発酵骨付き肉やら、「完全にレストラン…！」
という料理がずらりと並びます。すごー！

コリアンダーシード風味のタイ風豚トロ叉焼。絶品ダレも自家製！

とうもろこしとパイマクルーのさつま揚げ。ふわふわ食感が最高〜。

今回のレシピは、「特別なタイ調味料がなくてもできる料理」。
オイスターソース＋ナンプラーの組み合わせは最強で、
牛肉＋セロリ、豚肉＋にらなどにもオススメだそう。
焼きそばにするとめちゃうまらしいので、
今度やってみるよー！ 

ママちゃんのスナック公式サイト
「アーバン」
http://snack-urban.com/　※会員制です

107　スナックアーバン・ママちゃんの「タイ風炒め」

お酒別索引

ビール

油揚げの玉ねぎ詰め焼き　11
タイの目玉焼きパクチー添え　15
長ねぎの焼き春巻き　18
なんでもサブジ　25
焼くだけ鶏手羽　34
ベトナム風　豚角煮　37
揚げ海老ワンタン　46
にんじんの塩もみ　62
塩豚　68
マヨなし薬味ポテサラ　75
薬味みそおにぎり　85
そうめんコングクス　86
「ロムアロイ」の生春巻き　94
スナックアーバン・ママちゃんの「タイ風炒め」　106

ワイン

トルコの角切りサラダ　14
根菜のにんにくオイル焼き　28
一玉キャベツと豆のクミン蒸し煮　29
トマトとひき肉の卵落とし煮　35
レンジ蒸し鶏のにんにくヨーグルトソース　38
ポルトガルいわし　44
柿とカブと生ハムのサラダ　50
オレンジとピスタチオのシチリア風サラダ　52
いちじくのゴルゴンゾーラ焼き　53
ぶどうとベーコンのソテー　54
蒸し煮ラタトゥイユ　70
肉肉しいミートボール　76
フランスの芋グラタン　77
トマト缶だけスパゲティ　88
「オルガン」のクスクスサラダ　98
亜由美さんの「白きくらげとユリ根のねぎ油和え」　102
キョーエさんの「オイルサンマーディン」　104

日本酒

ポリ袋浅漬け　10
薬味ごっそり五目やっこ　17
青菜の梅みそはちみつ和え　24
しっとり豚みょうが　32
生ほたての梅なめろう　47
ぶりのにんにくみそ焼き　48
低温鶏レバー　64
卵だけ茶碗蒸し　74
シンプル筑前煮　78
「おでん太郎」の新じゃが煮　92
「天★」のレバパテ果物のせ　96

焼酎

まぐろとピータンのタルタル　16
なんでもナムル　22
牛肉のオイスターバター炒め　36
生鮭のレンジ清蒸魚　42
刺身のしば漬けカルパッチョ　45
油かけ卵ごはん　84
にら和えうどん　87

ホッピー

とうもろこしと枝豆のおやき　8
トマトと卵の中華炒め　12
ひき肉のビネガー炒め葉っぱ包み　26
ナンプラーひじき　66

おわりに

「毎日の仕事では、うまくいかないことや、
終わりのないこともたくさんある。
でも、料理は自分の力だけで完結できるし、
何かしらの結果が出るから好き。
仕事から疲れて帰ってきても、
料理をすると少し元気になるんだよね」
そんなことを言っていた人がいました。

確かに、「自分のための料理」は、
とてもプライベートな時間かもしれない。
きゅうりを塩もみするだけでもいいし、
半日かけて肉を煮込むのも自由。
帰宅後に野菜を炒めながらビールを飲み、
「今日もお酒がおいしいわー」と感じるだけで、
ちょっと幸せな気持ちになれる。

私が「ツレヅレハナコ」という名前で、
ホームページを始めたのは２００４年５月。
その後もブログ、ツイッター、インスタグラムと、
「自分のための料理」をアップしてきました。
長く続ける間にはいろいろなことがあったけど、
どんなときでも料理は私を楽しい気持ちにしてくれた。
だから、「ＳＯＬＯ」の連載を経てレシピを書籍にまとめられ、
たくさんの人にご紹介できるのはとてもうれしい！
読んでくれていた皆さん、本当にありがとうございます。
この本のレシピが、あなたのひとり飲みを、
よりおいしく楽しいものにしてくれますように。
それでは、カンパーイ！

２０１６年２月　ツレヅレハナコ

本書は、Diverse運営のおひとりさま女性向けメディア「SOLO」で2015年4月〜連載中の「ツレヅレハナコの夜のひとり呑みレシピ」に、新たな書き下ろしレシピを多数加えて編集・再構成したものです。

http://sololife.jp/

女ひとりの夜つまみ 

2016年2月10日　第1刷発行
2016年9月15日　第2刷発行

著者　ツレヅレハナコ
発行者　見城徹
発行所　株式会社 幻冬舎
〒151-0051　東京都渋谷区千駄ヶ谷4-9-7
電話　03-5411-6211（編集）
03-5411-6222（営業）
振替　00120-8-767643

印刷・製本所　図書印刷株式会社

撮影　福尾美雪
スタイリング　久保百合子
デザイン　千葉慈子（あんバターオフィス）

検印廃止

ISBN978-4-344-02889-0 C0077
幻冬舎ホームページアドレス　http://www.gentosha.co.jp/

この本に関するご意見・ご感想をメールでお寄せいただく場合は、
comment@gentosha.co.jp まで。